僕等はまだ美しい夢を見てる

ロストエイジ20年史

石井恵梨子

Real Sound Collection

blueprint

僕等はまだ美しい夢を見てる

ロストエイジ20年史

カバー写真＝タイコウクニヨシ
装丁＝川名潤

僕等はまだ美しい夢を見てる　目次

イントロダクション

奈良在住のロックバンドがいる。とても不思議なバンドだ。サブスクリプション・サービスではまず探せない。CDショップに足を運んでも、全作品を見つけ出すことは不可能である。音はなかなかポップだ。特に最新アルバムではボーカルがアコースティック・ギターを持っているから、とても穏やかで優しい印象を受ける。スピッツあたりの空気に近いだろうか。メロウで聴きやすい歌もの。ただし彼らほどの華はない。朴訥、あるいは無骨というべきなのだろう。

バンドのボーカルはイラストレーターでもある。ツイッターでは有名ミュージシャンのアイコンを多数手掛けており、それらは書籍化されたりアプリになったり、広く親しまれてきた。個展も何度か開かれ、コミックタッチのユーモラスな画風から、日本画や仏画にも近いシリアスなものまで、幅広い作風が堪能できる。とはいえ全国に知られる有名人ではない。ただ、インディーズのバンドやライブハウスが好きな人たちが、とてもよく知っているだけだ。

そして、そのボーカルは街の中古レコード屋の店主でもある。こちらは知らない人のほうが多いだろう。有名な観光地の散策中にふっと見逃してしまう、その程度の小さな店だ。しかし、セレクトはものすごく渋い。

この中古レコード屋を訪れ、一緒に撮影した写真をSNSに上げたがる若手バンドが近年は多い。移動時間のロスをものともせず、この人に会いたかったとわざわざ奈良を訪れる人が増え続けている。もちろんバンドに限らず、音楽好きのリスナーの間でも。そうして、彼らは一様にこう言う。

俺たちのヒーロー！　オルタナの神様！

それは何か。このボーカリストは何者なのか。

第 一 章

少年

奈良から来たロストエイジ

象徴的な夏があった。２０００年。振り返ればひとつの絶頂期だ。

たとえば１９９７年から始まったフジロックフェスティバルは、この年、初めて日本人アーティストをメインステージのヘッドライナーに登用している。直前までシークレット扱いだった初日のブランキー・ジェット・シティ、そして２日目のミッシェル・ガン・エレファントである。

第１回フジロックに出演したザ・イエロー・モンキーが、洋楽好きの観客から容赦ないバッシングを受けたのが３年前だ。だんだん薄れてきたとはいえ、邦楽と洋楽の壁はいまだに高かった。心ない声も聞こえてきたものだ。邦楽いらない。日本のバンドは出すな。

我が国最高峰のフェスと呼ばれながら最初から海外アーティスト中心だったフジロックで、日本のバンドが堂々とトリを務め、音楽そのもので黙らせること。のみならず、数万人の洋楽好きリスナーを熱狂させること。その光景はどれほど多くの若手バンドを勇気づけたかわからない。

夏フェスがいよいよ定着していった。スタンディング形式が当たり前となり、モッシュやクラウドサーフなど新しい遊び方もライブハウスに定着する。コンサートの常識が変わりつつある時代にあって、ブランキーとミッシェルは、ふたつ合わせてひとつの記号のような、国産正統派ロックの見本であった。ことにブランキー・ジェット・シティはすでに解散を表明していたから、この年のフジロックでの熱演は当然のように伝説化していく。

そこから1ヶ月後、千葉マリンスタジアムではエアジャム2000が開催されている。フジロックと同じ年に始まったパンクの祭典で、こちらは会場選びからブッキングまで、すべて主催者ハイ・スタンダードの意向によるDIYフェスティバルだ。最初は仲間うちのお祭り感覚で始まったものが、気づけばアパレルやスケーターなどユースカルチャー全体を巻き込み、その熱は爆発寸前まで膨れ上がっていた。

当日の動員は約3万5千人。ハイ・スタンダードの演奏中に起きた巨大サークルモッシュと、最後に打ち上がった花火の鮮やかさ。すべてが夢のような狂騒の中にあり、帰路につく若者たちの中には「いつか自分もここに立ちたい」と胸を熱くする者が少なくなかった。

だが、それは叶わぬ願いに終わる。ハイ・スタンダードはこのステージを最後に長い活動休止期間に入ってしまう。不気味な沈黙の中でメンバーそれぞれが空中分解していく様子は、若者たちの醒めない夢を打ち砕くのに十分であった。今にして思えばあそこがピーク。それはいつだって、終わった後になって、初めてその名前で呼ばれるものだ。

規模はいくぶん小さくなるが、同年夏、都内ライブハウスではまた別の絶頂が起こっていた。8月23日から25日、渋谷クラブクアトロで行われた「極東最前線30〜国民爆音大会2000〜」

である。

「極東最前線」とはイースタンユースが定期的に続けている自主企画ライブの名前だが、この時は通算30回の節目を記念して、過去に共演してきた仲間たちと初めてのコンピレーション・アルバムを制作。新曲や未発表曲のみを集めた音源版『極東最前線』が完成し、その発売記念として渋谷クアトロ3デイズ公演が行われたのだ。全日、満員御礼だった。

参加バンドはファウル、モガ・ザ・ファイブ・エン、DMBQ、ナンバーガール、ブラッドサースティ・ブッチャーズなど。王道のロックやパンクとは異なる音楽性で、なぜか地方出身バンドが多い。アクのある音には人間性が強く滲み、万人に受け入れられはしないが、むしろ既存のジャンルから外れるくらいの独自性を重視する、オルタナティヴやエモの住人たちだ。

メジャーのロックとアンダーグラウンドのパンクが双方盛り上がる90年代末期、どちらにも与しないこのシーンにもまた、かつてない追い風が吹いていた。多数派を忌み嫌うイースタンユースの吉野寿が、イベントのサブタイトルを「～国民爆音大会～」としたところに、彼らしからぬ喜悦が滲んで見える。少数派でもイケる。この音で世の中に打って出ていける。仲間が集まれば3デイズの興行だって可能なのだ。そんなオルタナティヴ／エモの勃興を象徴していたのが2000年夏の「極東最前線」だった。

当時の吉野寿の発言にこういったものがある。

「各バンドの活動を見ていると、今パッケージするとすごく良くなるはずだって思えましたね。

来年やってもできることはできるけど、すごく濃くなるのは今年しかない。なんか噴火前夜みたいな感じがするんですよ。噴火しちゃうともうそれっきりなんですよ。バランバランになっちゃうから」

予見は当たっていた。あらゆるピークは終わった後にその名がつけられる。現場にいた観客も、噂を遠巻きに聞いていた者も、まさかあそこが頂上だったとは気づかない。

その1年後、とある地方都市でひとつのバンドが誕生した。名前をロストエイジという。

物語の主人公はベース・ボーカルの五味岳久だ。1979年11月生まれ。ギタリストである弟の拓人は3つ違いの1982年8月生まれ。五味家は奈良の中部、奈良市街地から車で1時間ほど南下した桜井市にあった。

桜井には材木商が多い。さらに南に行けば有名な吉野山があり、日本3大人工美林のひとつ、吉野山地から切り出されるスギやヒノキは国産最高級ブランドとして広く知られている。現在では木材もトラックを使って搬出されるが、かつては水路で運ぶのが当然だった。その川の分岐がある桜井は、奈良県各地の木材の集散地として発展した「木の町」である。五味の家系もまた、木材に深く関わることで栄えてきたのだった。

祖父が興した材木工場を、父とその兄弟が受け継ぎ、親戚一同で経営していた。巨大な工場があり、その2階部分が自宅、同じ敷地内に父方の祖母の住まいや畑もある、広大な土地を所有する家だった。主力の商品は小さな板材を接着剤で再構成する集成材で、地元ではかなり有名な材木商だったという。母は静岡の熱海からここに嫁いできた。

ＪＲと私鉄が交わる桜井駅にほど近い自宅。駅前にレトロなパン屋と喫茶店があり、ちんまりとした商店街があり、あとはのどかな住宅地となる。目立つものが特にない、地方のどこにでもある田舎町だ。

近所の幼稚園、明治44年から続く古い木造舎に通った。年長になると2歳の拓人も毎日一緒に登園した。本来なら入園手続きは3歳から始まるが、兄が大好きな弟はいつでも岳久の後を追いかけたし、岳久もそれを当たり前のように感じていた。仲の良い兄弟である。

それ以外、幼少期の記憶はなかなか曖昧だ。運動場のような自宅の庭。秘密基地を作ったり、余った木材をおもちゃにしたり、材木を運ぶ大型トラックの助手席に乗せてもらったり。遊び場に困ることはなかったが、岳久は、どちらかといえば屋内で遊ぶのが好きな子供だった。

物心ついた時から絵が好きだった。地元銀行が公募するこども絵画コンクールに入選し、これは伸びると親が感じたのか、幼稚園の頃から絵画教室に通い始めた。母親が教育熱心だったこともあり、小学生になるとエレクトーン、剣道、水泳、英会話、塾などにも通い出すが、最後まで好きで続いたのは絵画だけだ。風景画や静物画、漫画などをひとり没頭して描き続ける時間に、何を考えていたのかはわからない。特に将来の夢や目標があったわけでもない。ただ好きだから続けていた。

自発的に見つけたもうひとつの趣味に音楽がある。小学4年生の頃、幼馴染みの兄から教わったザ・ブルーハーツ。「トレイン・トレイン」や「情熱の薔薇」などのヒット曲を耳にしたのは、テレビの音楽番組か、それともドラマ主題歌だったか。小学生にもわかりやすい歌詞と曲調だった。借りたものではあるが、初めて自力で見つけた宝物のようだった。ロックンロールがどういうものかよく知らないまま、なんだかガツンと来るものを感じた。

アルバム数枚をまとめてカセットテープにダビングし、毎日のように聴き続けた。そのうちお気に入りの曲を集めて自分だけのプレイリストを編集するのが趣味になっていく。さらに自宅にあるレコードやCDにも手を伸ばすようになってみれば、両親の趣味は決して悪くなかった。

影響の源を考えれば父親譲りという結論になる。父も絵が得意だった。自作の風景画を家に飾っていたくらいだから、それなりの腕だったのは間違いない。また歌も上手な人で、親戚が集まった時などは上手いからとカラオケを勧められることが多かった。映画も好んでいた。週末の「金曜ロードショー」だけは夜更かしを許されたし、いいから見ろと言われて『スタンド・バイ・ミー』を見たことも覚えている。今でも好きな映画だ。

父の記憶は、しかし、その程度しか残っていない。社長ゆえに多忙だったのか、家族旅行はもちろん休日に遊んでもらった記憶もほとんどない。家にあまりいない人だった。

音楽を知った4年生の頃、両親は工場の2階を離れ、敷地の裏手に新たな家を建てることを決めた。アメリカ式の住宅というのか、まるで海外の映画に出てきそうな建物だ。ガレージがあり、暖炉と煙突があり、階段はゆるやかな螺旋を描く。実際に海外から輸入した住宅資材だそうで、当時としても相当珍しい外観だったのだろう。話の端々から五味家の裕福さとセンスがうかがえる。確かに豊かな家だった。何不自由なく育っているはずだった。

ぴかぴかの新居に移った後、父は、家族の前から姿を消した。

両親が揉めていた時期をぼんやりと覚えている。家の中がなんだかギスギスしていたり、ごくまれに父が暴力的になることも。家庭内の空気を読むことにかけて子供ほど正確なセンサーを持つ者はいない。何かあったと思えば思うほど真正面からは聞けなかった。母は優しく、また毅然と嘘をついた。「父さん、海外出張行ってるから」。そう言われてしまうと言い返す言葉はない。

母はその嘘を本当にするために何でもやった。そうしなければ精神が保たなかったのだろう。「昨晩帰ってきたけど、またすぐ海外行ったわ」。いかにも外国産らしいオモチャが土産としてテーブルに置かれてあれば、そうなのか、と思うしかない。これ以上聞いちゃダメだし疑ってもいけない。10歳。思いつくまま「なんで？　どうして？」と口にできる年齢はもう過ぎていた。

実際には、会社の金を持ち逃げしての蒸発だった。木材の市場価格は1980年にピークをる。

迎えた後、ゆっくりと下降し、バブル崩壊後は一気に落ち込んだ。背景には、価格と物量で競争力を持つ輸入材に押されたこと、さらには木材需要そのものが落ちていったことが挙げられる。

かつて大きく栄えた会社といっても、バブル崩壊後の世相に抗うのは難しい。自暴自棄だったのか、ロマンスが先だったのか、父親は外に女を作り会社の金と一緒に逃げた。当然社員や親戚は上を下への大騒ぎになり、会社の権利はどうするのか、土地の権利はどうなるのかと長期の裁判に発展していく。すべて母親が矢面に立ってくれたが、小学生だった兄弟には何も知らされなかった。取締役を親戚が引き継ぐことで、その後しばらくは会社も続いた。

表向きの暮らしぶりは変わらない。ただ父が帰らないだけで。

思い出すのは蒸発の直前、父が珍しく公園に行こうと言い出した日のことだ。車でそう遠くない甘樫丘。普段はないことなので少し戸惑った。それでも嫌ではなかったし、本当の気持ちよりも多少無邪気に喜んでみせたかもしれない。のどかな緑の中で遊ぶ息子たちを、父は目に焼きつけておきたかったのだろうか。

何を考えていたのかわからない。わかりたいとも思わない。

もともとインドア派、学校が大好きな子供でもなかったが、その日を境に自分の中で何かが壊れ、静かに腐っていくようだった。虚無という言葉を小学生は知らない。それは日常生活で使う言葉ではない。ただ、何をやってもしんどかった。将来の夢、などと学校で書かされ⋯⋯ところで心は動かない。なりたいものもないし、何かが見つかるとも思えないのだ。

近所で友達のお父さんに会ったりすると、それだけで胸が詰まるのが嫌だった。両親の揃う友達の家に遊びに行く、今まで普通だったこともだんだん憂鬱になっていく。普通ってなんや。普通の家庭ってなんやねん。さらには祖母が、父の帰らない理由が母にあるのだと言いがかりをつけてくるのも最悪だった。どうしていいかわからない日々。不安の中で息をしていた。

もういい。何でもええ。自分が可哀想だと思うのも嫌で、そのうち考えることをやめるようになった。実際は考えているのだが、それを認めない、あるいは考えていないふりをするのが上手になっていく。

強固な嘘で息子たちを守ってきた母が、本当のことを話してくれたのは6年生も終わる頃だ。もうすぐ中学生になる、それがひとつの節目だったのか、いよいよ隠し通すことにも疲れたのか。「実は父さん、もう帰ってこうへんから」。ようやく知らされた日の夜はさすがに涙が止まらなかった。小学生には処理し切れない出来事だ。上手な対処の仕方など、どこにもない話だった。

表向きの暮らしが変わらないまま、そのぶん母や弟とは今までよりも密接になった。これ以上誰かが欠けたら本当にバラバラになってしまう。不安がつきまとうから、家族、というテーマについては極力触れないことにした。多少の反抗期はあったかもしれないが、拗ねて非行に走るような真似はしていない。まだ頼りない弟を守りたかったたし、あとは、音楽がいつもそばにいてくれた。
「それで救われた、みたいなところはあったかな。なんか足りてないとか、どうしていいかわからんような気持ちの時に音楽聴くと、それだけで落ち着いたり元気になったり。バンドエイドみたいな感じ。そういう感覚でずっと音楽聴いてるのかもしれないですね」

中学校に入って知ったのは海外のロックバンドだ。それまでブルーハーツ一色だった岳久のコレクションには、ガンズ・アンド・ローゼズやエアロスミス、ヴァン・ヘイレンなどハードロックが加わっていく。ダイナミックなギターと英語の響きが格好良かった。洋楽を聴いている自分に多少の優越感を覚えるような自意識は、当時の中学生であればごく普通に持っていたものだ。

時代を感じる話かもしれない。90年代の前半、海外と日本のロックにははっきりとヒエラルキーがあり、今では考えられないほど根深い断絶があった。その差異を埋めていくのが冒頭に書いたブランキーやミッシェル、あとは東京のアンダーグラウンドから興ったパンクやミクスチャーになるのだが、情報は奈良の田舎町まで届かない。洋楽チャートのラジオ番組を録音し、そこから好きな曲を選んではお気に入りのテープを作る日々。母親は子供たちに好きなことをやらせると決めていた。相変わらず絵も習い続けたし、レンタルCDショップにも週に一度は通った。洋楽のヒットチャートならほとんど覚えてしまうくらいに何でも聴いた。

高校の入学祝いに買ってもらったのがエレキギターだ。初めて弾けるようになったブルーハーツの「チェインギャング」。洋楽に夢中であってもヒロトとマーシーは永遠である。ブルーハーツは、いつだって自分を強くさせる。

高校に入学したのは1995年。岳久にとっては運命のアルバムが生まれた年だった。ハイ・スタンダードの『GROWING UP』。11月1日に発売されたこのファースト・アルバムは、まず東京のライブハウスにいるキッズの手に渡り、口コミで全国の若者たちへと伝播していく。その当事者のひとりになれた偶然は、今でも誇るべき出来事のひとつである。

きっかけは1996年1月のグリーン・デイ初来日公演だ。大阪の松下IMPホールまで観に行った友人の姉が、帰りに1枚のCDをもらってきた。この来日ツアーはメジャーデビューしたばかりのハイ・スタンダードが全公演サポートを務めており、バンドの名前と音を知らしめるべく無料のプロモーション・シングルが配布されていた。アルバムからタイトル・ナンバー1曲だけを切り取った非売品の8センチCD。今となれば希少価値の高いアイテムだが、受け取った本人は「いらんから、あげる」とあっさり手放し、それが岳久のところに回ってきたのだ。

聴いた瞬間にハマった。全身に電気が走ったようだった。最初のブルーハーツ体験よりも電流の流れは鮮やかであった。

「ちょうど、僕が好きなブルーハーツのわかりやすさと、洋楽の格好良さみたいなものが、いいバランスで混ざってる感じ。今思えばね」

ものすごく新しいものに出会った気がした。慌てて心斎橋の大型CDショップに行くと、トイズファクトリーから発売された日本盤ではなく、アメリカのファット・レック・コーズから出た輸入盤が見つかった。日本のバンドの輸入盤。それ自体が格好いい。海外のレーベルから出しているなんて。段階を追ってというより、自分でも説明できないスピードで引き込まれていく。ロックバンドは長らく好きだったし、ギターも弾いてみたくて買ってもらったが、はっきりこう思ったのは初めてだ。やりたい。俺もできるかも。


全国、いや、全世界のティーンエイジャーにそう思わせたからこそ、メロディック・パンクは世界同時多発的なムーヴメントになった音楽である。ハードコアの速さや激しさに惹かれつつ、そこに渦巻く暴力的な空気にどうしても馴染めなかった若者たちが、もっとポップなメロディを乗せてもいいのではないかと思いついた。イギリスで、アメリカで、ここ日本でも、90年代初頭から同じ動きが起きていた。革ジャンやモヒカン、ドクターマーチンが当たり前だった服装も、よりカジュアルなTシャツとハーフパンツ、ヴァンズのスニーカーに替わっていく。そんなものはパンクじゃないという批判は当然あったが、旧世代の常識を覆していくのが若さであり、新しい自由と反骨なのだった。

アメリカのバッド・レリジョンやNOFX。最初に人気の出たバンドが自らレーベルを主宰し、仲間を次々と引き上げていくことで、シーンの活性化はとどまることがなかった。若手の中でも作曲能力と歌唱力がずば抜けていたグリーン・デイが、最初の大ヒットアルバム『ドゥーキー』を世に放ったのは1994年。同じ年に当代最後のロックスターといわれたニルヴァーナのカート・コバーンは自殺している。

ざらついた轟音ギターを掻き鳴らすグランジの時代にピリオドを打つように、次のヒーローを求める者たちがメロディック・パンクに飛びついた。逆に、さらなる激しさを求める者はKORNやレイジ・アゲインスト・ザ・マシーンを支持することで新しいメタルの時代を作っていく。アメリカに限っていえば、1994年を転機にロックシーンの流れは大きく二極化していく。

奈良県桜井市の高校1年生はそんなことを知らないまま、偶然知ったハイ・スタンダードを足掛かりにメロディック・パンクの世界に飛び込んでいた。近鉄線を使えば大阪難波駅まで1時間もかからない。アメリカ村にあったレコードショップ、タイムボムにドキドキしながら通い、店員の紹介コメントを頼りにアメリカやスウェーデンのパンクバンドを買い漁る日々。初めてのライブはバッド・レリジョンだ。音楽雑誌もよく読んだし、タイムボムに置いてある入荷情報の冊子を食い入るように読むことで、注目すべき新人やお気に入りのレーベル名を覚えていく。どんな情報もスルスルと体に入っていく時期だ。

覚えたてのパワーコードをいくつか弾けば、不完全だがコピーもできた。バンドをやろう。

友達の家から譲り受けたボロボロのドラムをリビングに持ち込んで始まる兄弟のバンドごっこ。母の反対は一切なかった。暇さえあればギターをいじる中学生になっていた拓人は、幼稚園の頃と変わらず兄の背中を追いかけているのだった。

1998年の夏休みには東京にも行った。ハイ・スタンダード主催のエアジャム'98。免許を取りたての友人の車に同級生4人で乗り込んでのロングドライブ。ひと夏の冒険は『スタンド・バイ・ミー』を地で行くようであり、あの映画よりもさらに大きい興奮がある気がした。夢がどんどんリアルになり、今を生きている自分と結びついていく。岳久はただ嬉しかった。

初めて人前で演奏するのは17歳、高校3年生の秋だ。通っていた学校では文化祭でバンド演奏が行われるのが恒例で、軽音楽部はないのに出演者は毎年かなりの数に上る。岳久は出演バンドの2組を掛け持ちした。ひとつはドラムとして参加するグリーン・デイのコピーバンド。もうひとつは友達のベーシストと女の子のドラムを集め、自らギター・ボーカルで歌うコピーバンドだ。スナッフ、バッド・レリジョン、ハイ・スタンダード、シッコ、ミスター・T・エクスペリエンス。何がなんだかわからないまま終わったようで、反面、とてつもない万能感があった。これが俺のやりたかったこと。確かにそう思えた。

一日のために寄せ集めたメンバーとはいえ、これで終わりにするのは絶対に嫌だという、岳久にしては珍しいくらいの執着心がすでに芽生えていた。またやろう。せめて最後にこのメンバーで卒業ライブをやろう。熱の冷めないうちに話をまとめあげ、初めてライブハウスに出演者として話を持ち込んだ。当時、奈良駅の近くにあったネバーランドだ。

奈良ネバーランドは1996年に誕生した。オーナーの岩城吉映は奈良の天理市出身。1980年頃に東京でバンド活動を続け、その後サラリーマンに転身。娘がある程度成長した40歳になってから地元に戻り、奈良市で音楽スタジオE♭（イー・フラット）を開業した人物だ。

最初はスタジオのみを経営していたが、顧客から自由に演奏できる場所を作ってもらえないかとの要望を受けて物件を探し始めた。それまで地元にはフォークをメインとした着席スタイルのライブハウス、もしくは20～30人も入れば満員になるステージ付きカフェのような場所しかなかった。快速を使えば大阪へアクセス40分。その利便性が作用し、昔から奈良の人々には、バンドでライブ活動をしたいなら大阪へ、なんならショッピングも大阪に出たほうが早いという気分があるのだった。

「奈良県民ってちょっと自虐的かもしれないですね。田舎者の自覚とプライドがある。悪い意味で言ってるわけじゃないですよ」

こう語るのは吉條壽記。心斎橋パンゲアのオーナーで、長いキャリアを持つハードコア・バンド、レイザーズ・エッジのドラマーでもある。

年は五味岳久の3学年上。出身は奈良県吉野郡。吉野山のふもとで育ち、10代の頃はできたばかりのネバーランドに何度も出演してきた。2000年前後にはスタッフとしても1年半ほど働いた。遠方のバンドを呼ぶイベント企画を担当し、東京や大阪でしか見られないようなメンツを何度も集めてみせた。それはもちろんファンにとって最高の記憶になるが、地元バンドマンの感覚でいえば、岩城吉映が奈良にネバーランドを作ったことにはもっと別の作用があったという。

「やっぱり地元にライブハウスがあると、そこが拠点、安らげる場所になっていきますよね。バンドはいるけど全体的に数が多くないんで、ジャンルで固まることがそもそも難しいんですよ。ハードコアもパンクも、オルタナもポップスのバンドも、みんな関係なく友達みたいな感じになりますよね。誰かのライブがあればなんとなく集まったり。聞いたことないけど、岩城さんも地元の子らの場所を作りたいって気持ち、あったんじゃないですか？　ほんとおおらかな、誰に対してもお父さんみたいな人ですよ」

その人柄については現ネバーランドのスタッフも同意するところだ。イベント企画とブッキング担当、奥田怜央奈がこう語る。

「すべてのバンドマンに対してお父さん的ですよ。昔は正直、素行の悪い人たちも来はったけど、ちゃんと話して受け入れてきた歴史があって。受け入れるっていうか、受け流す。昔はチーム同士の喧嘩とかめっちゃあったらしいけど、『そんなこともあったねぇ』としか言わないから、社長は」

そんな岩城吉映の人柄がネバーランドを作ってきた。誰もはじかないし、出禁などはありえない。昔ながらの危なっかしさも残っていれば、今時らしいヒップホップのパーティーも、クリーンなアイドルイベントもある。まったくジャンルレスのハコとして地元民に愛されている場所である。

なお、初期スタッフの吉條壽記が心斎橋にパンゲアを作ったのは2011年のこと。どの街で勝負するかを考えた時、生まれ育った奈良の景色が浮かばないではなかった。ただ、バンド数の限られる地方に3つもハコは要らない。奈良市にネバーランドができた4年後、大阪に近い生駒市にはもう一軒のライブハウス、レイブゲイトができた。これ以上あると、勝ち負けではなく、共存できる気がしない。ネバーランドが好きでオーナー岩城を尊敬しているから、吉條は人口とバンド数の多い大阪を選んだ。故郷を思っての判断だ。商売人としても当然である。

話を巻き戻して1998年当時。軌道に乗ったネバーランドは、地方都市なりに多彩なバンドが集まる場所になっていた。ニューヨーク・スタイルのハードコア、メロディック・パンク、あとはスカパンクやオルタナティヴのバンドもいた。先輩バンドに少し怯えるような様子で卒業ライブの企画を持ち込んできた高校生の、ひとつは名前をCCCNOといった。五味岳久のバンドだ。NOFXのようなイメージで友達が名前をつけてくれた。

他の学校からも出演者を募り、ライブ当日は3~4組のバンドと友人たちが集まった。CCCNOのメンバーは文化祭の時と同じだが、この日は岳久の計らいで特別ゲストも参加している。弟の拓人がステージに立ち、ツインギター体制でのコピーが何曲か披露されたのだ。兄弟が初めて同じバンドでステージに立った日。中学3年の拓人にとって、兄のバンド活動は自分も早く交ざりたかった憧れである。そんな拓人を岳久もまた憎からず思っているのだった。

高校3年生は受験と進学という大きな問題に向き合う季節だ。ドラムの女の子はそれを理由にバンド活動に消極的になっており、卒業ライブを最後に去っていくのだが、ベースはまだ乗り気だった。せっかく入ってきた新しいギターの拓人がいるのなら、岳久がドラムを叩けばいいと話が進んでいく。ドラムを叩きながら歌うことに抵抗がなかったのは、スナッフという先人がいたからかもしれない。ベースは奈良市と桜井市の間にある天理市に住む家具屋の息子でもあった。うちの大きい倉庫が使えると言われ、機材を持ち込んではせっせと練習に励む日々。初めてのオリジナル曲にも挑戦し、それらをかき集めてはネバーランドのブッキングに出ていくようになる。

ところで、岳久は受験と進学問題にどう向き合ったのか。絵を描くのは相変わらず好きだったので、なんとなく美大を目指そうと思っていた。必死に受験勉強をした覚えはないが、デッサンなどは一通り本格的に取り組み、いくつかの美大を受験。全部無理だった。もう進学はいいと口にしたが、母親が珍しく眉を吊り上げたので京都造形芸術大学（現京都芸術大学）併設の専門学校に入学手続きを済ませた。

ただ、頭の中にはいつもバンドがあった。おまけに学校は遠い。片道2時間半である。さらにいえば、本気でアートを志す者たちが集まる美大とは違い、専門学校の空気はどことなく弛緩しているものだ。もともと乗り気でもなかった進学なので、学校からは自然と足が遠のいていく。

就職も、将来のことも、なんとかなる。今決めなくてもいいんじゃないか。アジアを放浪するようなバックパッカーも多い時代で、楽観ムードがまだうっすら残っていた。何でもええ。10歳の頃の投げやりな気持ちとは違うニュアンスでそう思えたのは、バンドが楽しいからだ。

CCCNOは、途中からBAD PEE-PEEと名前を変えて続いた。音楽雑誌で見かけたパンクバンドのフライヤーの、冗談みたいな落書きから名前を拝借した。同級生の家具屋のベースは途中で辞めていくが、ネバーランドやスタジオE♭に通うようになれば、自然と横のつながりは増えていく。たまたまドラムを叩ける友達がいたので、今度は岳久がベースに変更。ギター、ドラムと担当楽器を変えながら、ようやくベース・ボーカルに落ち着いた。

奇しくも憧れのハイ・スタンダードと同じ編成になったわけだが、もうコピーはしていない。オリジナル曲が増えて20歳を過ぎたあたりから、そろそろシンプルなパンクバンドのままでは満足できなくなっていた。3人でやれることに限界があるような気がしたし、次なるハイ・スタンダードを目指そうとする、まるで自分たちにそっくりなバンドが全国各地にひしめいている事実にも薄々気がついていた。

2000年当時、都内の小さなライブハウスを覗けば、本当にどこがどう違うのかわからない若手メロディック・パンクバンドが同じようなパフォーマンスを競い合っていたものだ。そんなバンドたちをまとめて青田買いしたコンピレーション作品も、メジャー、インディを問わずに濫発されていた。雑誌も次々と創刊され、コンピレーションCD付属の音楽雑誌、バンドマンを表紙にしたストリートファッション誌が街中に溢れていた。

それらは大概売れた。玉石混交でも売れた。完全なるブーム、言い方を変えるなら飽和へのカウントダウンである。ハイ・スタンダードを筆頭に、エアジャム系と呼ばれたバンドの影響力はこれほど強かったわけだが、右向け右のシュプレヒコールは必ずや左に走り出す脱走者を生む。一緒にされてたまるか。

さらには、大好きだったメロディック・パンクが、自分でやるとなるとしっくり来ないことも悩みの種だった。わかりやすく明るいコード進行、サビではじける元気いっぱいのメロディ。スポーツにも近い健全さが、持て余している自分の感覚とどうしてもズレていく。聴くぶんには嫌なことを忘れさせてくれる、いわばストレス発散の音楽なのだが、それが自分の心の中から出てくるものとは合致しない。スリーコードの楽しいパンク。そういう宣伝文句自体に嘘を感じるのは、今さら変えられない岳久の気質と言ってよかった。

ブッキングで知り合ったバンドに強烈なインパクトを覚えたのはその頃だ。グランジ色の強い音。生活排水という名前も衝撃的だが、まず目を惹いたのはドラムの迫力だった。田中智和。

パワフルなプレイはおよそ同級生とは思えない。当時からネバーランドとスタジオE♭でバイトをしていた、ヤバい奴がいるとバンド仲間の間で噂になっていた男だ。そして、その生活排水でベースを弾いていたのが清水雅也だった。こちらも同世代で、何度か共演するうちに自然と距離は近づき、打ち上げでの話は弾んでいった。

どんな事情があったのか、2001年に清水は生活排水をクビになっている。五味兄弟とはすでに何度も遊ぶ仲になっていた。家に行き、知らないCDやレコードをたくさん教えてもらった。オルタナティヴ・ロックやエモ、ポスト・ハードコア。ロックに限らずハウスやテクノなども好む彼と連れ立って、大阪の南港、名村造船所跡地にあるクラブに向かったのは夏の日のことだ。ハード・ハウスのかかるパーティーでひとしきり遊んだ後、疲れ切って海沿いのベンチで休憩する。清水が「やっぱりバンドやりたいなぁ」とつぶやく。岳久が返す。「一緒にやるか?」。これがロストエイジの始まりとなる。

清水雅也の家で聴かせてもらった音楽がヒントだった。有名なニルヴァーナはもちろん知っていたが、好みのメロディック・パンクに比べて少し暗いなと思う程度である。ただ、清水の持つ膨大なレコードと知識が岳久と拓人の考えを次第に変えていく。今も覚えているのはナンバーガールが2000年に発表したアルバム『SAPPUKEI』の衝撃、さらにはフガジの当時最新EPだった『ファニチャー』だ。

既存の枠組みから外れる自由。同じ楽器を使っているとは思えない、なんというか、バンドとして新しいアンサンブルを教えられた気がした。それまで夢中だったメロディック・パンクは、世界中の子供たちが一斉に飛びつき、自分にもできると思い込めるくらいシンプルな様式美がある。その単純さゆえに今のバンドもなんだか煮詰まっているのがわかっていたから、清水をギタリストとして迎えることは大きな突破口になると思えたのだった。

２００１年夏。まだ４人編成で動き出す直前、まずは新バンドのコンセプトを話し合う。フガジ、ナンバーガール、ナインデイズワンダー、さらにはマイ・ブラッディ・ヴァレンタインやスーパーチャンク。典型的なパンクからなるべく離れた好みの作品を持ち寄り「こういうものをミックスしたような音。しかも日本語で」とおおよそのビジョンが固まっていく。日本語で、という部分が岳久には重要だった。今まで真似事のように英語で歌っていたし、たまに日本語でも歌詞を書いたが、比べればやはり英詞は借り物だ。どうせなら他にいないバンド、新しい音楽を目指したかったし、であれば新鮮なのは日本語だった。

「洋楽のほうが格好いいっていう、ようわからん意識がずっとあって。でもロストエイジは日本語で、日本語やけど洋楽っぽく響かせる。洋楽・邦楽って言葉も最近は言わんけど、それまで自分の中で別物として区切られていたものを一緒にまとめる作業やったと思う。自分が好きな海外の音楽と同じレベルの邦楽を作る。そんなイメージが頭の中にありましたね」

繰り返すが、洋楽と邦楽の壁、その残滓（ざんし）がまだあった。前年のフジロックのメインアクトが日本のバンドで、そのことに多大な勇気をもらえた時代。ナンバーガールが颯爽とメジャーデビューし、作品ごとに著しく音像を進化させていた噴火前夜の時代である。理想を燃やす奈良の青年たちは知る由もない。CDバブルの副産物として生まれた90年代ロックシーンの熱狂は、2000年をピークとして、それ以上盛り上がることはないことを。

バンド名をロストエイジと決めたのは五味岳久と清水雅也だ。コンビニで立ち読みしたカルチャー雑誌『Free & Easy』の表紙に躍る「ロストエイジ症候群」の文字。大人になり切れない子供たちとして、フィギュア収集など幼稚な趣味に大金を注ぎ込む人々が紹介されていた。強烈に引っかかったわけではないし、そこまで深い意味を感じたわけでもない。BAD PEE-PEEがそうだったように、バンド名などその時パッと目についたものから決めるくらいでいいと思っている。

ただ「エイジ」には、年齢のほか、時代、世代といった意味もある。2001年に始動した彼らが、最初からCDバブル黄金期をロストしていたのは、ただの偶然だっただろうか。もし、を言い出せばキリがないが、もう数年早く世に出ていたなら状況はまるで違っていたのかもしれない。あるいは、もっと遅く世に出ていたのなら、考え方も同じではなかったはずである。

拓人の弾くメジャーコードと清水が得意とするマイナーコードを掛け合わせながら、面白いように奥行きが生まれていく。最初に作った曲は「2：50」。ファースト・フルアルバムに収録されている6分強のナンバーだ。それまで試したことのないスローなテンポ。リフではなくアルペジオを用いた繊細なギター。日本語なのにあまり言葉が耳に入ってこない、アクセントや響きの良さを重視したボーカル。ドラマティックに盛り上がる中盤のインタールード。繊細さの中にも確かな熱がある。これだ。手応えがあった。さらには「ROUTINE」や「下がった体温」など次々と曲が生まれていく。翌年春からライブ会場で売り始めた自主制作ＣＤ－Ｒには、すでにファースト・アルバム収録曲のいくつかが収められていた。

　ドラムだけが安定しなかった。最初のドラマーは塾の講師を生業としており、多忙を理由に練習に来なくなる。まだギャラをもらえるような活動はしていないし、毎回ノルマを払いながらライブを繰り返す生活から、だんだん離脱していく者は多い。22、23歳にもなればよくある話だ。

　今度は別の友達を引き込んでみるが、彼とはあまり反りが合わなかった。言うことが理解できなかったり目的が違うと感じることが多く、実質上のクビにした。すでに後任の当てはあった。こいつとなら凄いことになる、こいつが入れば最高になると確信できるドラマーが。かつて清水と同じバンドにいた田中智和。誘ってみればＯＫが出る。２００２年7月。彼らを間近で見ていた吉條壽記、現パンゲアのオーナーは、この時のことを今も覚えている。

「ロストエイジは結成当時からクオリティ高くて、後輩だけど気にしてました。でも一気にクオリティ上がったと思ったんは、ドラムの岩ちゃんが加入してから。あれはもう凄かった」

　なお、田中智和は加入の数年後に結婚している。相手はバイト先の社長の子、つまりネバーランドのオーナー岩城吉映の愛娘であった。岩城家の婿養子に入ることで彼は岩城智和となる。最初のミニアルバムまでクレジットは田中だが、ややこしいのでこれ以降は岩城で統一する。

地元のネバーランドで、あとは人がより多く集まる大阪で、ブッキングのライブを繰り返した。十三のファンダンゴやアメリカ村のパイプ69は何度も世話になったし、他県でのライブでは必ず「奈良から来たロストエイジです」と自己紹介をした。「福岡市博多区から参りましたナンバーガールです」と毎回ライブで挨拶していた向井秀徳の真似である。上京後もそのMCを変えなかった彼らに何らかの心意気を感じたのだ。

ナンバーガールを好きになれば、近くにいるオルタナティヴやエモの先輩、イースタンユースやブラッドサースティ・ブッチャーズの音楽が芋づる式に耳に入ってくる。彼らがかつて北海道の札幌で切磋琢磨しながら育った仲間だという話も、岳久にはなんだか好ましかった。どこから来た人間なのか。どこにいる人間なのか。音楽と同じくらい大事なことだと感じる。理由は自分でもはっきり言えないが、とりあえず都会に出たほうがバンド活動は有利になると考えたことは一度もない。

手焼きのCD-Rとは違う、初めての自主制作盤は、大阪のVANAI RECORDSから発売された。グッド・フォー・ナッシングの初期音源を出していたレーベルだ。岩城加入前に「人間ロボット／手紙」を収録した500本限定デモテープを、そして加入後の2003年には3曲入りのデモCDを作った。大阪のM4スタジオで録ったものを、清水の先輩である澤井妙治にミックスしてもらった。のちにヤマタカEYE（ボアダムス）とのプロジェクト、AEOに参加する関西シーンの鬼才だが、当時はネバーランドのスタッフでもあった。

最初のCD－Rはとりあえず録音しただけ、音が良いとは自分でもまったく思えなかったが、澤井の仕事には手応えを感じた。録音技術のこと、さらにはライブの進め方、リハーサルの仕方、使う機材のひとつひとつ。奈良に来る県外バンドの前座を務めながら、日々、あらゆることを目で見て学んでいく。

VANAI RECORDSは決して大手とは言えないレーベルだが、それでも大人の協力が入れば横のつながりはおのずと増えていく。イベンター兼プロレスラーの千葉智紹から連絡が来るのはこの頃だ。彼が全国のライブハウスで行っているパンク系イベント「SET YOU FREE」に出て欲しいという。これをきっかけに岡山など遠い県に遠征する機会も増えた。初の東京ライブは２００２年12月。こちらも「SET YOU FREE」企画であった。

最初のデモがよほど気に入ったのか、千葉智紹からは頻繁に声がかかった。次回の「SET YOU FREE」は２００３年６月７日、場所は滋賀ハックルベリーで、共演バンドの中には銀杏ボーイズがいると聞かされる。前身バンドのゴーイング・ステディから改名したばかりの時期、事情はよくわからないが興味があったので快諾した。そもそも無名のバンドに誘いを断る理由はないのである。毎回のライブを無我夢中でやるだけだった。

こうした偶然を積み重ね、ロストエイジは初めて大手インディーズ・レーベル、UKプロジェクトとの接点を持つ。銀杏ボーイズのマネージャーだった斎藤正樹がロストエイジを見初め、後日、CDを出したい、ウチから出さないかとコンタクトを取ってきたのだ。

「CD出せるんや？　出せんのやったらぜひお願いします！」

ほとんど考えないまま返事をした。実際、何も考えていなかったのかもしれない。UKプロジェクトから出せることを夢見たわけではなく、出したいレーベルが具体的にあったわけでもないのだ。

その後、同じような話がトイズファクトリーからも持ち込まれる。モルタルレコードでロストエイジのデモを耳にしていた人物が、新宿ロフトのライブ後に声をかけてきたのだ。一緒にやってみないかという誘いは、すでにUKプロジェクトと口約束を交わしていたので断るほかなかったが、トイズファクトリーの名前ならさすがによく知っていた。ハイ・スタンダードのアルバムを世に出した有名メジャー。そこからの声は4人の自信をいっそう深めるのに役立った。イケる。俺ら、全国デビューできる。

あらゆることが良い方向に回っている気がした。人に呼ばれるライブだけでなく、ネバーランドでの自主企画「SHOWNEN」もこの頃に立ち上げた。名前を決めたのは清水だが、岳久もその言葉に好ましいイメージを持っていたし、実際に「少年」とタイトルに冠した曲も作っていた。つまらない大人にはなりたくない。まだ汚れておらず、何者にも染まっていない季節。原点、始まりのイメージ。偶然見つけたロストエイジの名前が、そのまま音楽へと無意識に反映され、バンドが追いかけるべきテーマが定まっていくのだった。

2004年4月。初の全国流通盤のためのレコーディングは大阪のスタジオ、オメガ・サウンドで行われた。オーナーの小谷哲也とフリーのPAオペレーター前川典也は1993年からタグラグというレーベルを主宰しており、アクの強い関西ハードコアの名作を多数世に送り出したキャリアを持っている。

奈良から来た若者たちは、スタジオのムードにすっかり飲まれていた。いかにも職人気質なエンジニアの口調も怖かったし、清水はまずチューニングがなっていないと怒られ、ほとんど気が動転していた。わけがわからないまま必死に音を鳴らした数日間。終わってみれば5曲入りのミニアルバムが完成していた。タイトルは『P.S. I miss you』と清水が決めた。岳久もバンドのすべてを自分で掌握したいわけではない。他に意見があるならそれでいいのだ。

UKプロジェクトの担当である斎藤によれば、リリースにあたってはレーベル内レーベルといわれるものが必要であるらしい。銀杏ボーイズも前身バンド時代からUKプロジェクト内に自主レーベル「初恋妄℃学園」を作っていたし、この事務所には若手バンドがあまりにも多く集まるため、差別化を図るために各自がそれぞれ看板を作るというのはよくある話だった。

こちらも清水がアイディアを持ってきた。「qoop music」。小文字表記で左右対称になるところがいいのだという。岳久は、正直、どうでもよかった。そこまでのこだわりがなかったから作品のアートワークもすべて清水に任せていた。清水はフライヤー作りやTシャツのデザイン、さらにはブッキングなども自分からやりたがるタイプだった。やりたい奴がいるなら任す。岳久も、拓人も、岩城も、結局バンドがやりたいだけである。いい曲を作っていいライブがしたい。それ以外のことを考えていなかった。

無我夢中の興奮をガソリンにして走った10代が終わり、最高のメンバーとオリジナルの音楽をようやく手にした24歳の夏。ロストエイジでやっていることに絶対の自信はあったが、その先をどうするのか、具体的なことは何も考えていなかった。バイトを続けながらのバンド活動。曲作りとライブに励む日々。それで十分だという考えの下には、商業的成功を目論むのはいやらしい、そこを考えてはいけないのだ、といった自制の意識があったかもしれない。

いい音楽を真剣にやっていれば誰かが気づいてくれる。期待も当然あった。実際にこうしてUKプロジェクトから声がかかったのだ。認められたと思えた。このまま行けば音楽が売れてバイトをしなくてもいい日が来る。なんの保証もなかったが、疑うこともしなかった。憧れてきたパンクやオルタナティヴの先輩たちは、みな、そんなふうにして成功してきたのだから。

２００４年７月21日。ロストエイジの最初のミニアルバム『P.S. I miss you』が発売された。

第 二 章

◯か×か

確かにそれは夢のひとつだった

かつて、ＣＤバブルと呼ばれた時代、あらゆる音楽家はＣＤを売るためにライブをしたものだ。生演奏が良ければ、またテレビやラジオで素晴らしいパフォーマンスができれば、人々は迷うことなくＣＤを購入した。ごく細々と続いたアナログレコードやカセットテープ以外、他に選択肢もなかったのだ。

日本でミリオンセラーが珍しくなくなったのは、レコードよりも扱いやすいＣＤが普及した90年代だ。街に溢れるウォークマン。巨大なステレオよりだいぶ安価なミニコンポ。手軽に飾れる小さなアートとしてのジャケット。新しいこの音楽メディアを購入、所有し、自室の棚にずらりと陳列する。そんな行為自体が流行っていたとも言える。

ピークは１９９８年。以降ＣＤ売上のグラフはゆるやかな下降線を辿ることになる。日本レコード協会のホームページ記録によれば、この年のＣＤアルバム年間販売枚数は約３億２９１万枚。その数字は、２０１０年には約1億５５９３万枚にまで減少していく。

それでもまだ潤っていた、と言うことはできる。ただ、消えた1億４７００万枚ほどのＣＤは、1枚を３０００円と計算すればトータル４４１０億円に相当する。10年でそれだけの利益が失われたのだ。スタジオを押さえてのレコーディング作業、その後のパッケージデザインやかわらず。

流通、プロモーション活動まで、作品リリースのための経費は何ひとつ変わっていないにもかかわらず。

CD不況の原因をここで詳しく語るつもりはないが、シンプルな事実として、レコード会社の予算は次第に削られていった。有望新人の獲得に1億円を積んだ、なんていう噂話が聞こえていたのはゼロ年代の初頭だけで、気づかないくらいゆっくりと、途中からははっきりと、懐事情がシビアになっていく。

ことに、若い才能を育てていく、具体的には育成金を渡しながら音楽に専念させるような長期計画が難しくなった。レコード会社に声をかけられたからといってミュージシャンの生活は保証されない。そして、たった1〜2％の印税をさらに複数のメンバーで割ってみれば、バンドは10万枚でも売らない限りCDの売上だけでは食べていけないのだった。

さらには時流というものがある。売れる音楽のカラーも変わった。2001年のザ・ストロークス登場以降、ロックの世界ではリバイバル・ブームが目立つようになる。オセアニア発のロックンロールを発掘したり、その次はニューウェイヴを再評価したり。破格のロックスターはずっと見当たらないままだ。

また、ヒットチャートとは一線を画すインディのバンドたちが、そのままオルタナティヴとは呼ばれなくなったのもゼロ年代の特徴である。エモ、ポストロック、マスロック、フリーフォーク。総じてインディ・ロックと括られたが、おそらくは「ざらついた轟音＝オルタナティヴ」のイメージが完全に葬り去られたのだろう。荒ぶるギターよりもシンセの入ったダンスビートのほうが新鮮とされる時代になっていく。

そして、ポップミュージック全体を見渡せば、本当の意味でゼロ年代をひっくり返したのは、エミネムであり、カニエ・ウェストであり、ファレル・ウィリアムスら、ヒップホップ界の寵児たちである。それまでのラップの常識を覆した彼らこそ、いわば21世紀の革命家であったのだ。

連動するように、日本でもヒップホップ出身のスターがいくつか生まれた。ただ、この国では不思議とロックの勢いがそこまで削がれなかった。アジアン・カンフー・ジェネレーションやラッドウィンプス、エルレガーデンはゼロ年代を代表する人気バンドだ。彼らを入り口として音楽に目覚めたリスナーには、洋楽をまったく通っていない人がことのほか多い。「邦ロック」という新しい言葉も生まれた。海外シーンとの断絶、いわゆるガラパゴス化の始まりである。

変わりゆく時代、90年代を代表するバンドが次々と消えていく。2002年にナンバーガールが電撃解散。翌2003年にはミッシェル・ガン・エレファントも解散。かつてパンクとエモの架け橋になったのはハスキング・ビーだが、彼らが解散の道を選ぶのも2005年3月だった。

ロストエイジが初めての全国流通盤を出したのは、そんな時代の転換期である。パンクシーンに限っていえば、メロディック・パンクの後に青春パンクのブームが吹き荒れ、それもいよいよ鎮火した頃だ。

『P.S. I miss you』のセールスは5000枚前後。数字を聞かされ、五味岳久は全身から力が抜けた。レコーディングをした時は、密かにこれでバイトを辞められると思っていた。思うどころかメンバーと「これ売れるなぁ！」と口に出してもいた。笑えない。最初に入った印税も驚くほどわずかであった。2004年の11月、下北沢シェルターで行われた初のワンマンライブも、観客は100人程度しか入らない。キャパシティの半分以下である。

「全然あかんな、みたいな感じでしたね。理想と現実が全然違う。反響もなくはなかったんでしょうけど、思ってたのと違う」

発売前には初めての取材もいくつか受けた。「和製ニルヴァーナ」と言われたり「日本人離れした」「新世代ロック」と言われるのは悪い気分ではなかったし、取材されること自体が純粋に嬉しかった。ただし、記事になったものを見るとなんだかモヤモヤしたのも事実だった。

音楽雑誌のインタビューとは、つまるところプロモーションの一環である。CDの発売情報を伝えるため、一枚でも多くCDが売れるよう事前に知ってもらうために、宣伝費の中からかなりの額が雑誌に支払われていく。また雑誌側はメンバーのキャラクターや面白いエピソードを積極的に切り取っていくことが多い。より多くの読者に興味を持ってもらうために。新人ならば尚のことだ。

ビジネスとして成り立つその流れを、岳久たちはまったく知らなかった。編集者やライターを名乗る人間が、音を聴いていいと思ってくれた、ロストエイジに興味を持って取材が申し込まれたのだと思っていた。だからこそ好きな洋楽についてかなり頑張って喋ったのに、そういう話はあっさりカットされているのだ。違和感があった。何かが違う気がする。

いっぽうで楽しかったのは、ライブ、そしてイベント出演が増えたことだ。

セールスは慎ましかったとはいえ、UKプロジェクトからデビューとなれば常にアンテナを張っているライブハウス店員やイベンターは興味を持つものだ。ことに「SET YOU FREE」とは強固なつながりができていたため、出演するたびに先輩バンドとの交流が生まれていく。最初は銀杏ボーイズと知り合い、ハイ・スタンダードからソロになったKen Yokoyamaとも初の共演が叶った。次はあのバンドとやれる。今度はあのハコでやれる。ライブスケジュールが一気に増えたぶん夢も膨らんだ。共演者によってはソールドアウトの日もあったから、気分はそんなに悪くない。下手に考えるよりはとにかく前に出ていく時期だ。去年まで月3本だったライブが月6本になれば、移動だけでも忙しい。

2005年9月、ロストエイジはフルアルバムのレコーディングに挑んでいる。前作同様に大阪のスタジオを選んだが、場所は変え、エンジニアも原浩一に頼んだ。当時はボアダムスなどを担当し、最近ではSiMやロットングラフティー、ベビーメタルも手掛けるエンジニアだ。怖かった記憶の残る最初のレコーディングとはだいぶ空気が違い、また録り方も大きく変わった。

クリックを聴きながらドラムとベースを録り、その上にギターと歌を重ねていった最初のミニアルバム。それが当然だと思っていたが、原は一発録りを勧めてくれた。全員で同じ部屋に入り、クリックなし、「せーの」で演奏していく。音の勢いがまるで違うことに気づかされた。声を重ねるダブリングボーカルの手法も初めて用いたし、手取り足取り教えてもらうように原から新しい技術を吸収した。そうやって生まれた12曲入りのアルバム。初めてロストエイジで作った「2：50」の他、初期のデモテープに入れていた曲も収めることで、ようやく名刺代わりの1枚ができた気がした。手応えも達成感もある。全員で確認し合った。次こそは絶対イケる。

タイトルはまたしても清水が決めた。『PLAY WITH ISOLATION』。全曲日本語で歌っているが、歌詞の英訳も記載し、ライナーノーツもつけた。イメージは洋楽の日本盤。外国っぽいバンドだとのアピールが総じて強い。母国語で書いてはいるが、岳久としても自分の心境を素直に綴りたいわけではない。聴いた人から「え、これ日本語なんだ？」と驚かれることに、他のバンドにないであろうオリジナリティを感じていた。

「変に難しい言葉を使わず、できるだけ普段使ってる言葉で。その組み合わせと配置でインパクトを残しつつ、かつ、語感でいかに勝負するか。自分の気持ちがどうっていうこと、あんまり考えてなかったですね。なんとなく情景が滲めばいいかな、ぐらいで」

アルバム収録曲「種蒔く人々」には、いつも座って絵を描いていた少年が登場する。自分のことを語る気はないが、知っている景色や断片的な記憶は投影されている。ただ、おしなべて楽しそうではない。初期の歌詞から滲んでくるのは、どこか投げやりな、なんだか悲しそうな、嘘と不安を持て余しながら世の中を見つめる視点である。五味岳久の人柄とぴったりくっついているようであり、よからぬ空想を散文的に書き殴ったようでもあった。２００６年１月のインタビューで、岳久は歌詞についてこんなふうに説明している。

「陰と陽、プラスとマイナス、対極のものが共存してるイメージ。0か10かで割り切れないことのほうが世の中多いですけど、綺麗なものと汚いものが共存してる、始まっていくことと終わっていくことが同時進行で存在してるようなイメージがずっと頭にありますね」

共存する対極のもの。冷徹と激情、愛憎が入れ替わり、忘れられない記憶と忘れたい無関心が反転していく。そしてまた日常と非日常も。

この頃ロストエイジが目指していたのは、そこらへんの兄ちゃんがやっている親しみやすいバンドとはまるで違う、非日常の興奮を与えるロックバンドであった。わかりやすさ、共感のしやすさといったものに反発したい気持ちもある。一緒にされてたまるか。同じく２００６年のインタビューには五味兄弟のこんなやり取りもある。

拓人「音楽が日常の延長とは思ってなくて。普段、自分らが聴くぶんにはもちろん日常の中に音楽があるんですけど……」
岳久「うん。音楽は日常生活と密接に関わってるけど、自分のライブがどうありたいかって言えば、やっぱり非日常であるべきやと思うし、観に来た人がちょっとビビるくらいのライブじゃないとダメやと思うんですよ。説明できんけど凄い、ちょっと怖い、近づき難いような威圧感っていうか」
拓人「怖いもの見たさ、みたいなね」
岳久「やっぱステージに立ってる人からはそういうオーラが出てないとダメやと思うし。そういうバンド、今のインディーズシーンでいなくなったっていう話はよく聞くんですね」

すでにライブには相当の自信があった。感覚的には無双だ。負けたと思った共演者は今のところいない。いずれＣＤの売上だけで身を立てる。最高峰のライブバンドが平凡な暮らしと地続きでは面白くもクソもない。ロックバンドで食っていくのならそれぐらいの覚悟がなくてどうする。ライブハウスのブッキングがまだ多かった時期だから、アマチュア同然の相手では尚のこと自信がつく。自分たちはレベルが違うのだ。本気でそう思っていた。
２００６年1月25日、レコーディングからかなり時間を置いてリリースされたファースト・フルアルバム『PLAY WITH ISOLATION』は、最初のミニアルバムと同様５０００枚くらい売れた。前年度はシングルのミリオンセラーが皆無だった、ＣＤが全体に売れなくなっているという話がすでにあちこちから聞こえ始めていたから、枚数はそこまで気にしないことにした。ライブの動員はじわじわと増えている。落ち込んでもいられない。

アルバムの完成後にツアーで全国26本を回るのも初めての経験だった。キング・ブラザーズ、アスパラガス、カムバック・マイ・ドーターズなど、初めての共演バンドから大きく刺激をもらう日々。東京や神戸のイベントではスパイラル・コード、モガ・ザ・ファイブ・エンらと共演し、今まで特に意識していなかった先輩バンドの実力を目の当たりにする。結成の年が一緒である長野のオウガ・ユー・アスホール、同じく洋楽志向の匂いを感じる大阪の8ottoなど、シンパシーを覚える同世代バンドの存在も頼もしかった。

すでに音楽シーンの話題の中心になった夏フェスからも声がかかる。国内最大規模のロック・イン・ジャパンから呼び声がかかれば、まがりなりにも人気者の仲間入りができている気がした。

ただ、CDの売上はまったく伸びていかない。もどかしい気持ちはUKプロジェクト斎藤正樹のほうが強かったかもしれない。ツアーが終わった夏、斎藤から「お前らメジャー行ったほうがいい」と言われた。このままここで続けてもたぶん良くないわ、と。

考えたこともない話ではなかった。オルタナティヴ・ロックをやっている自負はあるが、それはインディーズ至上主義とイコールではない。メジャーを是が非でも目指すつもりはないが、ナンバーガールのように、イースタンユースのように、いつか声がかかるなら行ってもいい、むしろ積極的に行ってみたいと内心思っていた。「俺たち絶対にメジャーデビューしよう」なんて目標は恥ずかしくて口にしたこともないが、他人から背中を押されてみれば、確かにそれは夢のひとつなのだった。

ロストエイジに興味を持っているレコード会社の人間として、斎藤が町田雄平を連れてきたのは2006年の12月、下北沢シェルターで2度目のワンマンをやった日だ。チケットは即日完売とはいかないものの2年前とはまるで違っていた。開場前の長蛇の列。動員は確かに上がっている。メジャーに行けばもっと変わる。話を聞けば町田雄平は、かつて新宿ロフトで声をかけてくれたトイズファクトリーの人間だった。年は岳久の2つ上。いかにも業界慣れしたおっさんではないところが好ましかった。音楽の趣味もかなり近いうえ、彼は純粋にロストエイジのファンでもあった。町田が証言する。

「世代的に洋楽のグランジ／オルタナを通っていたから、音はもちろん大好きで。でもロストエイジは、激しさというよりも哀愁のある美しいメロディと岳ちゃんのセクシーな歌声に圧倒的に惹かれたんです。アコギで弾き語りしても全曲いい。そこが一番グッと来ましたね。絶対売れると思いましたし、今でも日本一格好いいバンドだと思ってます」

まずはアルバム1枚に限ったワンショット契約。岳久から言ったのは「奈良からは出ない。バイトは続けながらやる」という条件だ。すでに岩城の家庭には幼子がいた。引っ越しはまるで現実的ではなかったし、何より住む場所を変えないことは岳久にとって重要だった。

東京でライブをやるたびに思っていた。こんなとこ住まれへん。騒がしいし疲れるだけの、何ひとついいイメージのない街。ライブハウスは閑静な住宅地には存在しない。新宿、渋谷、下北沢。人混みだらけの繁華街しか知らないこともあったが、何より岳久は奈良を離れたくない。ある時期付き合っていた大阪の女性と1年ほど京橋に住んだことがあるが、それも結局は、都会のリズムに合わない自分を再確認するだけの時間だった気がする。田舎者のコンプレックスはあったかもしれない。ただ、それでも。

「昔から、住む場所を変えてもやることは変わらないと思ってましたね。環境のせいにして、上京しないと売れないとか言うのはおかしい。奈良で結果出せへん奴は東京行っても結果なんか出せへんと思ってる。上京する友達には『はぁ？　何のために行くん？　行って何か変わることある？』ってよく詰めたりして。そういう物言い、かなりウザがられてたでしょうね」

奈良が世界一の街だと言いたいわけではない。鹿や大仏を誇る気持ちも持ち合わせていない。普段は何もない田舎だとつくづく思う。ただ、そうやって疎んだりしながらも、生まれ育った場所から逃げたくはないのだ。出ていくことは逃げること。そんな思いがいつの間にか形成されていた。自分でも説明できないくらいの烈しさで、ただ都会に憧れては地名の華やかさに依存する連中を軽蔑したくなるのを抑え切れない。

ギターの清水は上京を夢見ていたかもしれない。ロストエイジの活動とは関係なく、一回くらい住んでみたいと思っていたのは事実である。奈良を出ない判断は岳久のほぼ独断であった。

ドラムの岩城、ギターの拓人は良くも悪くも演奏だけに集中していたい職人気質のプレイヤーだ。バンドの方向を決めていく五味岳久と清水雅也の感覚は、この頃から次第にズレ始めていく。

拓人とのいさかいは兄弟喧嘩で済ませられるが、清水の言動に岳久が突っかかっていくことが多かった。不思議と岩城に対してではない。まずドラマーとしてのリスペクトがあるからだ。だが清水とは性格の不一致もあってか、どんな些細なことでも鬱憤が爆発する。機材車での長時間移動がストレスに拍車をかけていく。新幹線を使えるような予算は新人バンドには与えられない。

契約を交わして以降、トイズファクトリーから育成金は出ていたのだ。その他、上京時のホテル代やレコーディング期間のバイト代補填など、予算はかなり潤沢に使われたし、スタッフチーム一同がロストエイジを応援していた。ただし、メンバー4人の生活を丸抱えできるかといえば、さすがに難しかった。もうバイトも辞めていい、東京へは新幹線で来いと、言えるなら言いたかった。町田が回想する。

「僕は東京から、制作の立場で彼らと話をするし、彼らは彼らで日々のバイトや生活があって。彼らの奈良での生活を、深く知って距離を縮めていくことが難しかった。そこが今となれば後悔しているところです」

岳久は岳久で、苛立ちに理由はあるのだった。UKプロジェクト時代からなんとなく感じていたことだが、いざメジャーに行って理解できなかったのは関わってくるスタッフの多さ、その仕事内容の不透明さである。

　直接話す斎藤や町田はまだいい。ただ、東京でのライブ終演後に続々とやってくる人々、部署のいちいち分かれている、その名称や属性はいったい何なのかと思う。いきなり来ては帰っていく、顔も名前も覚えられない彼らが、ロストエイジの音楽をいいと思い、真剣に売り出そうとしていることを、岳久はまったく理解していない。それどころか不信感のほうが強かった。それぞれ名のある個人ではなく、ざっくりと、音楽業界の人たち、と思っていた。

　社員として給与をもらっているらしい、音楽に関わることを生業にする人々。そのいっぽうで自分たちはバイトを続けている。ドラム、ギター、ベース・ボーカルと、これ以上ないほどはっきりした関係性でロストエイジをやっているのに、その周りの人たちだけが生活を保証されている。どう考えても腑に落ちない。こいつら音楽を食い物にしてるだけなんか。

　もちろん直接口にはしない。お前の仕事はバンドより偉いのかと問いたいわけでもなく、協力者がいなければ物事が進まないことも理解はしているが、苛立ちの正体が上手く掴めず余計にストレスが溜まっていく。

「音楽を売ることの大変さがわかってなかった。自覚のなさゆえの苛立ちですよね。今となれば音楽を拡げることと売ることとの難しさ、毎日思うようになりましたけど、昔はバンドやってる奴以外の仕事を信用してなかった。こいつは何なんやと思いながら話するのも疲れるし、そう思ってしまう自分のことも嫌になる。ほんま毎日ムカついてた」

2007年1月。アルバムのための曲作りが最悪だった。レコーディングはベーシック録りに5日間、歌入れに約1週間、ミックスも含めるとトータル2週間。その間できないバイト代もトイズファクトリーが補填してくれる。メジャーゆえに予算と余裕がまるで違っていたが、だからこそ、録音までに全曲を完璧に練り上げておきたかった。今までのように、好きなバンドのCDを持ち寄って「こんな感じの曲」と決めるだけでは甘いのだ。本当にロストエイジにしかできないものを。メジャー移籍に相応しい名作を。もっと広く聴かれるものを。

同時に、あいつらメジャー行って売れようとしている、と思われるのも不本意なのだ。わかりやすくポップにしたくない。しかし開けていきたいとも思う。今まで感じたことのないプレッシャーがのしかかる。メンバー同士の空気は殺伐としたものになり、「何言ってるかわからん」「お前こそ何考えてるかわからん」とぶつかり合うことが増えていく。

スタジオに向かうのも嫌になる日々。大袈裟ではなく、解散危機が4回以上はあった。バンドとしてもっと強くならなければ。何のためにレーベルを変えてまで作品を作るのか。そのリリースにどれだけ多くの人が関わってくるのか。それは俺が本当に望んだことか。本当に本当か？　メジャーデビューを無邪気に喜べないのは、疑り深い岳久の性分でもあった。

ただ、かつてないほど苦しんで考えたぶん、曲のクオリティは飛躍的に上がっていく。ノイジーでダークな部分は残しつつ、より深遠に、さらにダイナミックかつドラマティックに。1曲にはストリングスも導入した。

サウンドエンジニアは池内亮。曽我部恵一やセカイイチなどを手掛けてきた人物で、町田が紹介してくれた。話をしてすぐに馬が合うのがわかった。ファースト・アルバムはあまりにも無知で、今となってはエンジニアに頼りすぎた反省がある。録った後に音の処理を任せるのではなく、自分たち4人で納得できる、もっと憂いのある音を出したかった。マイクを多数立てて、天然のリバーブを意識する。アンニュイに揺れる音が作りたかった。水の中から光を覗いているようなイメージだ。藤沢のスタジオで合宿形式のレコーディング。豊かな環境を町田が用意してくれた。

町田は岳久の歌をアピールしたがっていた。インディーズの作品よりも言葉が聴き取りやすくなるよう勧めてくるが、日本語に聴こえない響きを重視している岳久にはいささか鬱陶しい話だった。さらには歌録りに大変な時間がかかった。声を重ねるダブリングボーカルを自ら選んだことで、ボーカルブースからなかなか解放されない。永遠かと思うような時間と精神的疲労のぶんだけ、歌の艶も深みも、見事なものへと進化していった。

『DRAMA』と名付けられたこのアルバムにも、やはり歌詞の英訳とライナーノーツがつけられている。書き手は坂本麻里子。洋楽誌『ロッキング・オン』で執筆しているロンドン在住の音楽ライターで、これもまた町田の働きかけによって決まった話だった。CDの付加価値としてのライナーノーツ。せっかくのメジャーデビュー盤なのだから、洋楽ロックを本場で見聞きしている評論家の言葉が欲しかった。そしてまた、彼女から届いた原稿に出てくるのは、ジーザス・リザードやメルヴィンズ、ソニック・ユースやスマッシング・パンプキンズらの名前。サウンドの質感についてはスティーヴ・アルビニとの比較もあった。どう読んでも、ロストエイジがどれほど90年代の洋楽オルタナティヴ・ロックに近い音であるかに主眼が置かれた内容だ。もちろん事実である。それで世の中にアピールできるのであればなんの問題もなかった。

２００7年当時の音楽シーン。この年の洋楽ビルボードチャートにロックバンドはほとんど見当たらない。10位圏内はR&Bやヒップホップで、20位圏内にアヴリル・ラヴィーンとマルーン5がいるくらいだ。オルタナティヴやエモ、轟音のギターそのものが求められなくなっていた時代。アルビニのような音、90年代のようだというアピールポイントは、いったいどこに刺されば良かったのだろうか。インタビューなどで耳にする業界関係者の評判はすこぶる良かったが、蓋を開けてみれば売上はほとんど変わらなかった。５０００枚が６０００枚になったくらいだ。

プロモーション活動、ことにインタビューは増えた。『クッキーシーン』など洋楽インディに強い雑誌の取材も町田が仕込んでくれた。ただ、洋楽風の音像と母国語の歌詞について、その意味について探られるのは相変わらず疲れる作業だった。歌詞や音楽性から人柄を探っていこうとする質問の多さに当時の岳久は対処し切れない。２００7年6月の発言には強い混乱が滲んでいる。

「ハッピーエンドなんてないですよね？　楽しいことばっかりの人もいないだろうし、でもみんな諦めてるわけでもなくて。僕もどうしたいんか正直わからないです。わかったつもりになるのも嫌で。わかって欲しいけどわからんやん。わかってあげられへんし、わかってもらえへん。絶対」

音楽とバンド活動への熱はずっと続いている。そのことは自分が一番よく知っている。ただ歌詞の話となると何ひとつ断言できなかった。他人の言葉はもちろん、自分の言葉すら疑ってしまう。

希望や夢を安易に歌える人たちは完璧な嘘つきちゃうかと思う反面、自分の音楽が絶望や悲しみだけだとも思えない。また、過去を探られ、因果関係があるからこういう音楽になったと思われるのも許せなかった。人間そんな単純なわけがあるか。わかり合うことより、わからないままにしておくほうが大事なこともある。そんなふうに思っていた。

頑ななその思いに変化が起こるのはライブでの出来事だ。２００７年７月から始まった22本の全国ツアー。共演者を好きな仲間で固め、連日、過去のツアーとは比較にならない盛り上がりがあった。終演後に号泣している女の子を見たのは、山形のライブハウス、サンディニスタでのことだ。

悲しくて泣いているのではないことはすぐわかった。感動して、それが涙の形になって吹きこぼれている。それをさせたのは自分たちの音楽だ。気づけば岳久も泣きそうだった。一瞬でもつながれた気がした。伝わった、つながれたのだと初めて思った夜は一度ではなかった。

ただ、バンド内の空気は相変わらず改善されないままだ。あれだけ疲れるレコーディングをしたのに売れなかった、そのダメージも加わった。スタートがこれで、自分たちは本当に音楽で食えるのか。拓人以外のメンバーは27歳、いよいよ将来について、自分の人生について考えざるを得ない時期である。移動中の空気はどんよりと重い。清水と岳久、岳久と拓人、拓人と清水。それぞれに意見が食い違い、お互い誰の言うこともまともに聞こうとしない。岩城ひとりがいつも飄々と涼しげであった。

9月。ツアー最終2公演はワンマンだ。十三ファンダンゴと代官山ユニット。あと一息でソールドアウト、キャパ600人の代官山はパンパンに客が入った。岳久は思わず、自分でも珍しいことを口にした。

「東京、ちょっとだけ、好きになった」

こんなに集まるとは思わなかった、とMCを引き継いだ清水が、「僕もう10年くらい泣いたことがないんですけど……今日は泣くかもしれません」と、これまた珍しいことを語り出す。最初は硬かった観客も中盤以降はタガが外れたように熱くなり、2度のアンコールが終わっても拍手は鳴り止まない。いつか見た夢のような光景だった。予定されていなかった3度目のアンコール。選ばれたのは初期から何度も4人で繰り返した「人間ロボット」だ。

打ち上げはおおいに盛り上がった。明け方5時まで飲み続けたメンバーの笑顔を町田は今も覚えている。

さて、五味岳久のMCはともかく、清水雅也のそれはいったい何だったのだろう。翌日、メンバー4人は下北沢のUKプロジェクトに集まり、斎藤を交えて今後のミーティングを進めていた。これからの予定、次回作のイメージをひとしきり話し合った後、突然清水が「バンド辞める」と言い出したのだ。

寝耳に水。のちに岩城からなんとなく辞めるのではないかと思っていたと聞かされたが、少なくとも岳久と拓人にその予感はなかった。驚きすぎて言葉がなく、また、過去最大キャパのワンマン公演を気持ち良く終えた翌日にそんなことを言い出す神経がわからなかった。

「今までの話なんやったん？　辞めるんやったら辞めろや。もうええわ。金だけ渡すからお前新幹線で勝手に帰れ！」

完全な喧嘩別れである。帰りの機材車には3人だけで乗り込んだ。腹立たしくて仕方がない。混乱が収まらない。

清水雅也の肚は、実はツアー中に決まっていた。刺々しい轟音より、もっと柔らかな音楽に好みが変わり始めていた時期。音楽性のズレを自覚してしまえば、いよいよ意地の張り合いには疲れ果てた。4人で同じ理想を描いたはずなのに、いつしか腹を割って話もできなくなっている関係性。岳久の苛立ちを上手く理解しサポートすることができなかったし、もっとしっかりしろとも言いたかった。とにかく若かった。今になって思えば、と清水が重い口を開く。

「言葉が足りてなかったんでしょうね。引き止めて欲しい……っていうのも実はあったかもしれない。でも辞めたい気持ちも間違いなくあって。こんな状況から抜け出したかった。もっとワイワイしたかったけど、できない。ほんとに好きで音楽やってるのに全然楽しめてへん自分がいましたね」

ロストエイジは明確なリーダーがいるバンドではない。ただ、メインで曲を書く岳久があまりにも不安定だったことは否めない。せっかくのメジャーだからと張り切る日があれば、急にアンダーグラウンド思考になって尖り出す日もある。清水にはついていけなかった。

「プレッシャーで岳久がおかしくなってんのはわかってたけど、僕もそれにつられてどっかおかしくなってたんでしょうね。ほんま、もうここから身を引きたいと思いました」

とはいえ、すでに決まっているスケジュールもあったから、4人でのライブはしばらく続けなければいけない。事実の公表はしばらく控えろと周りから釘を刺されていたが、岳久は「もう我慢すんの無理だわ」との書き出しで自らブログに書き殴った。それを追うように正式なアナウンスも発表。2008年1月、東名阪を回る「SHOWNEN」をもって清水雅也は脱退する。

練習のスタジオには3人で、時にはひとりでもスタジオに入った。清水と知り合い彼のコレクションに触れることで始まったロストエイジである。岳久の持ってくる原曲を清水が大胆に崩していくことで、いくつもの名曲が生まれてきた。あいつなしで曲が作れるか。俺ひとりでロストエイジの曲になるんか。止まらない汗のように不安が噴き出してくる。時には涙も大量に。かといって不安定な状態では新メンバーを探せる気もしない。せめて新曲を、新しい可能性を提示しなければ、このままバンドは終わってしまう。

清水の脱退を知らせるブログには「ロストエイジは続けます」と書き込んだが、実際は暗中模索、ほとんど自分に言い聞かせるための文章だった。岳久は毎日曲作りに励み、拓人と岩城も、時間の許す限り個人練習に入る。実際には2ヶ月ほどだが、空白期間は途方もなく長く感じられた。

最初の怒りが収まってくれれば、ライブの日には清水とぽつぽつ会話を交わすようになる。「メンバー決まらんねんけど、どうしてくれるねん」と嫌味を言う岳久に「中野がいいんじゃないか」と言い出したのは意外な流れだった。引き継ぎを考えての脱退というのもあまり聞かない話だが、ともあれ、清水は友人のギタリスト中野博教を推薦。以前は大阪でファーナースウィッチというバンドをやっており、2002年に発売されたコンピレーション・カセット『SUPER SONICS』にはロストエイジと共に参加した仲だ。翌年の共演をきっかけに交流が生まれ、特に清水とはよく連絡を取り合っていた。当時の中野は、新たなバンド、ピース・ピックスを率いていた。

唯一気がかりだったのは、彼が東京に住んでいたことだ。長らく大阪でバンド活動を続け、メンバー全員で上京したものの、活動が上手く回らず8月に空中分解したばかり。そのことを知らない岳久はダメでも仕方なしと電話をかけたが、一瞬の保留の後、2日後にはOKの返事が出る。遠距離でバンドを固めていくのは難しい。中野の一言は、だから、本当に心強かった。

「やるなら俺、奈良に引っ越すわ」

相変わらずロストエイジは音楽一本で食うことを夢見ていたし、中野も気持ちを合わせてくれた。のんびり週末だけライブをやるような、趣味のバンドを目指す気はない。やるなら音楽に没頭していたい。実際はまだ全員がバイトや仕事を続けていたのだが、野心なら十分ギラついていた。岳久も、中野博教のそういう性格を好ましく思った。ギターが弾けることよりも、音楽に対する価値観が同じであるのが大切だった。

中野の引っ越しはもちろん手伝ったし、家探しもメンバーみんなでやった。2007年末のことだ。清水と中野が個人的に練習することがあり、時には5人全員でスタジオに入り、新旧引き継ぎのように曲を覚えてもらった。終わっていくが、また始まっていく。このロストエイジに自分がどれほど愛着を覚えていたのか、そもそもバンドという集合体に自分がどれだけ固執しているのか、10年が経ってみて岳久は今さらのように驚くのだった。

中野博教との新曲作りは楽しかった。清水の面影を追いかけないことは暗黙の了解であり、4分の1が入れ替わるなら、まったく別の生き物として生まれ変わるほうがいい。今までにないアイディアがどんどん湧いてくる。止まりたくない、早く新作を世に出したい気持ちが少し先走っていたかもしれない。それまでギター・ボーカルだった中野は当然のようにコーラスが上手だったし、そこに広がりを感じたこともあり、初めて女性コーラスの導入も決まった。

フロントマンとして全体を見ることができた中野は、臆することなく新しい意見を提示する。彼の加入に救われた気持ちが強いから、３人ともわりと素直に話を聞いた。同じくフロントマンである岳久とぶつかる気配はなくもなかったが、以前と比べて無駄なストレスが減ったのは事実である。

今まであまり言わなかったこともメンバーと話し合った。「もっと大きいところでやってみたい」「もっと人が集まるようにしたい」。突き詰めていうなら、ちゃんと売れるバンドになりたい。そんなん目標にすんのダサい、と鼻白む気持ちより、そういうことを正直に語り合うこともないまま、今なお音楽で生活できていない自分たちを省みるのは初めてだった。

２００8年5月、山中湖でのレコーディング。衝突を繰り返して練り上げた『DRAMA』とは対極の軽やかさと勢いがあった。その場で作った「テレピン、叫ぶ」では中野がベースを弾くことも。決め込まなくていい。もっと楽しんでいい。可能性があるなら何だってやってみよう。

最初にこれと決めたオリジナルメンバーが離れていったことで、仮想のバツイチになったような、開き直って笑う余裕も生まれていた。岳久は28歳。もう迷えるガキじゃないと強く思う。同時に、子供の頃から大好きだったポップなメロディも自分の中から出していけた。清水と作る時は封印していたであろうメジャーコード。それを出せる自分に少し自信が湧いた。２００8年9月のインタビューでは以下の発言が出てくる。

「俺たぶん一生音楽できるなってわかった。今まで、こいつおらんかったら何もできへん、ひとりやったら無理やって思ってたんですけど、曲作ってみたらある程度できた。俺ひとりでも音楽できる。けど、やっぱこいつらとやりたい。この人らとロストエイジをやりたいって言えるんですよ」

『脳にはビート 眠りには愛を』と名付けられた6曲入りのミニアルバムは9月24日にリリースされた。タイトルを決めたのは岳久で、アートワークは弟の拓人が担当した。したというより、ほとんど岳久が「お前、やれ」と押しつけた。新しい4人の、新しいロストエイジ・サウンド。それははっきりと風通しのいい、よりポップな歌ものやギターロックに近づいていた。収録曲「母乳」がＴＢＳ系テレビ『ＣＤＴＶ』の9月度オープニングテーマとなったのも、営業の成果とはいえ、楽曲の良さなしにはありえなかった話だ。

綺麗な飛躍に見える。美しい成長に見える。ただ、もちろん裏もあった。

ここで売れなきゃいけないと考える岳久の焦りは相当なものだった。引っ越しまでして入ってくれたメンバーがいる手前、やっぱり売れませんでした、では引っ込みがつかない。辞めていった清水に対しても、ここで劇的に変わらなければ示しがつかないと思っていた。セールス、数字、聴きやすさ。それらを本気で考えるようになったのだ。そんな自分に薄ら寒い嫌悪も感じている。それでもやはり音楽で食いたい。メジャーでやるならそれが自分の仕事ではないか。結果を出さなければ。あらゆる葛藤を抱えたままの勝負であった。

２００８年10月。ツアーと並行して新曲作りは続き、また次回作のレコーディングも進んでいた。キーワードのひとつとして浮上したのはハードロック。話してみてわかった中野博教と五味岳久の共通点は、中学の頃に洋楽のハードロックをよく聴いていたことである。笑えるくらい派手なユニゾン、レッド・ツェッペリンくらい大仰なリフも、ロストエイジでやると妙に面白くなる発見があった。昔はハードロックが苦手だった拓人も、この頃からAC/DCにハマり、プレイスタイルが変化していく。

『DRAMA』まで、自分たちで作ったオルタナティヴやエモのイメージに囚われすぎていた。トイズファクトリー町田が言うところの最大の魅力、すなわち岳久のメロディと歌声があれば、ロストエイジとしてオリジナルが成立する予感もあった。今までにない曲調がいくつも生まれていく。その中のひとつが「SURRENDER」。本気で名曲らしい名曲を書こうと思い、できるギリギリの範囲まで聴きやすく仕上げた曲だ。いわば、渾身で書いた売れそうな感じの曲。これを聴き、今までの苦労を噛み締めながら町田は確信した。最高傑作だ。

だが、何度首をひねってみても現実は現実だ。２００９年3月25日に発売されたアルバム『GO』のセールスはまたしても変わらなかった。相対的にCDの売上は下がっていたから、事実上の購買層は増えていたと前向きに捉えることはできる。ただそれはトイズファクトリーがぜひとも契約を更新しようと言い出す数字ではない。メンバーが晴れてバイトを辞められるわけでもなかった。チームのみんなで応援していた。やれるプロモーションは最大限にやった。実際のセールスを考えればありえないくらいの熱量と予算をかけて。ショックは、メンバーだけでなくスタッフチーム全員にのしかかってきた。

質のいいものが必ずしも売れるとは限らない。音楽に限らず、作品がヒットする背景には偶然の玉突き事故のような裏話が隠れていたりするものだ。そして何より、新しい時代の風潮として、表現者自身の意識的な発信があるかどうかが問われているところがあった。

たとえばシカゴ出身のインディ・バンド、OK Go が意表を突く低予算のビデオをバズらせて一気に知名度を上げたのは2007年のことだ。バズ、という言葉はすでにあった。良くも悪くもネットが音楽の売れ方を変えていく。音楽を生かすも殺すもネットの時代になり始めていた。

レコード会社が用意した宣伝活動。アーティスト写真を撮り、演奏風景を映したプロモーションビデオを作り、雑誌やラジオで話をする。どれくらい効果があるのかわからないそのルーティンに頼っていては、特別な何かを見出してもらうことは難しい。ブログやSNS、ユーチューブの活用が増えてきたこの時代、アーティストは既存のセオリーを飛び越え、自ら好んで発信ができるようになっていた。言い換えれば、長らく音楽業界を支えてきたプロモーションの常識がいよいよ崩壊していくのだ。

ブログはこまめに続けていたし、流行り出したツイッターにも2009年に手を出した。ただ岳久に「バンド発信」の意識は薄かった。拓人や岩城に関しては絶無と言っていい。

結局はトイズファクトリーに任せていた。メジャーにはメジャーの売り出し方があると思っていたし、町田のアイディアはよほど嫌ではない限り受け入れた。『GO』の時は今までにないカラフルなアーティスト写真にしたし、「SURRENDER」のプロモーションビデオでは双方納得がいくまで何度も歌い続けた。楽しくはなかったが、これで全国に届くと思えば我慢できた。ラジオのプロモーションも地道にやった。喋るのは得意ではないが嘘は何も言わなかった。音楽が良いのだから、あとは勝手に届くはずだった。

わからない。10代の頃から漠然と夢を見ていたメジャーの世界は、行けども行けども実感の掴めない、砂上の楼閣のようであった。

「悲しいっていうより……寂しい、かな。みんなでいいと思って作ったものやし、ドロドロする気持ちの中でも精一杯いいものを選んで出したから。それでもわかってもらえへんのか、って」

数字では計れない個々人の反応だけが岳久の気持ちを救ってくれた。ブログの文章に返される熱心なコメントや、ライブハウスで直接聞ける「感動しました」の声。「いつもロストエイジの音に支えられています」。「この曲に救われました」。そんな言葉も、ありきたりだが本当に心に染みた。少数派でも嘘のない世界。自分の作る音楽がこの人たちのプラスになるのなら、それを淡々と続けるのが俺の仕事ではないかと考える。

そして、そのフィールドは、メジャーである必要もないのだろう。もはや夢はなくなっていた。この世界で俺はたぶん勝てへん。意外とすっきりした気持ちでそう思う。そのこととロストエイジが続くことは関係がない。ただ次に歩を進めるだけ。おそらく、同じように思っていたのは中野博教であった。

中野からの脱退希望は2009年の11月に告げられた。梅田シャングリラで行ったロストエイジ企画「SHOWNEN」。ブラッドサースティ・ブッチャーズと共演した後のことだ。このバンドの狂信的なファンだった中野は、もうロストエイジで自分のやりたいことは全部やれたと感じたようだ。もともと清水の後任として入り、バンドが変わるための手伝いは可能な限りやってきた。メジャーで勝負したい3人と同じく、自分の腕がどこまでこの世界で通用するか知りたかった部分もあるだろう。

ただ、本来はギター・ボーカル、フロントマンとしてバンドを率いたい男だ。自分の歌いたい歌があることは全員なんとなく察していた。それがロストエイジでは叶わないことや、岳久とは根幹で合わない部分があることも。派手な衝突はそこまでなかった。衝突する前に辞めたと言ってもいい。彼と最後に作った新曲のタイトルが「じゃあ、さようなら」だったのは皮肉な話である。引き止める者もなく、翌12月のライブを最後に中野はバンドを去った。

中野はバンド活動から一切手を引くことも考えていたようだ。それを止めたのは清水雅也である。もともと歌えるフロントマンであり、音楽を辞めるには惜しい才能だった。一緒にやろうと清水が声をかけ、2人は新バンドのCARDを結成する。元ロストエイジ2名。真正面から対抗しているように見えてしまうが、その意識はなかった。清水はただ、昔からの友達と次のバンドをやりたかった。そして、自分には無理で、中野にも続けられなかったロストエイジのことは、このまま解散するのかと思っていた。

事実、ついに解散かと岳久は頭を抱えていた。いよいよ無理だと思うと言葉も見当たらない。拓人も無言。しかし岩城智和が意外なことを口にする。

「いや、3人でイケる。むしろ3人のほうがいいと思う」

新しいギタリストを探すのが、正直もう面倒臭かった。清水と7年半、中野と2年やってみて、また一から曲を覚えてもらいバンドの空気に馴染んでもらう、そんな作業を繰り返すイメージも湧かなかった。来年のライブ予定もすでに決まっていたし、今からメンバーを探すよりは、意識を切り替えて3人体制を固めていくほうが合理的だ。岩城はもともとツインギターにこだわりがない。ドラムが目立つとの理由でスリーピースのバンドが大好きだから、新体制にやたらと積極的なのだ。普段はあまり意見しないが、最後の最後で五味兄弟の背中を押すのが彼の役割かもしれない。

いっぽうで拓人は相当な負担を背負い込むことになる。それまでギターは2本あるのが当然だったから、最初のスタジオでは音圧の物足りなさに驚いた。唯一の年下である甘えもあった。もうひとりのギターにどれだけ任せ切っていたのかを知り、また岳久からは「お前がちゃんとやれ」と何度も言い聞かされ、この時期の拓人は心を削られながらも飛躍的に成長していく。技術的にというよりも、ギタリストとして人前に出ていく精神が鍛えられた。ギターの音が大きく変わった時期である。

不思議とネガティヴな空気はなかった。拓人と岩城は、結局、五味岳久の作る曲と歌が好きで、彼とバンドを続けたい自分を自覚している。それを聞かされた岳久も、バンドであることの結束力を強く感じる。これ以上減ったらバンドじゃなくなる。この3人で最後に生まれ変わる。3人が高みを目指し、新しいロストエイジを更新しようとしていた。

名前こそ変わらないが、まったく違うバンドになっていくようだった。思い切ってバンドのロゴは小文字の「ｌｏｓｔａｇｅ」から大文字「ＬＯＳＴＡＧＥ」に変えた。イメージがまず変わり、ステージでの立ち位置が変わり、それぞれの意識がタフになった。中野が入った時よりもずいぶんと自覚的に。

２０１０年2月、奈良ネバーランドで3人体制ロストエイジは出発した。そして3月1日には新代田フィーバーでの無料招待お披露目ライブ。３人はこのステージではっきりと手応えを掴んでいる。

セットリストはすべて新曲で固めた。そのうちのひとつにはZの根本潤がサックスで絡む新境地もあった。次作の青写真は、すでに見えていた。

第 三 章

ひとり

生活に根ざしたバンド活動を

THROAT

インターネット。それは音楽を殺す魔物か、音楽を拡散する救世主か。

音響データの圧縮技術がＭＰ３と名付けられたのは１９９５年だが、当時のネットはまだ電話回線を使うのが主流で、大容量ファイルを扱うことはまったくできなかった。その環境は、5年、10年で飛躍的に進歩する。

初代 iPod が登場した２００１年、人々が気付いてしまったのは、それまでレコードのようなものとして買い求めたＣＤはデータの容れ物でしかない、という事実だった。音楽を聴くこととＰＣにディスクを取り込むことがイコールになり、データとして手軽にリッピングできるようになった頃から、音楽とネットの関係は劇的に変化していく。

まず最初にＭＰ３を使った違法ダウンロード問題が浮上した。１９９９年に始まったナップスター。アメリカの学生が考案したファイル共有サービスだ。断固反対する大物アーティストがいて、あらゆる音楽が解放される新たな可能性だと喜ぶパンクバンドもいたが、結局ナップスターはアメリカレコード協会などから訴えられて敗訴する。時期はほんの1〜2年だが、音楽業界にとっては突然現れたモンスターのようなものだった。その後、最初の例を模した違法ダウンロードサイトが生まれては消えていく。

他企業に買収された新ナップスター社はその後、デジタル著作権管理技術を使いながら音楽配信サービスに踏み切っていく。日本ではタワーレコード傘下にナップスタージャパン株式会社が設立され、2006年から国内初の音楽定額制配信サービスが始まった。もっとも、楽曲の許諾やシステム運用のための出費が著しく、この会社は2010年5月をもって全業務を停止。配信で聴く習慣は、この時期、そこまで広くは浸透しなかったのである。

ただ、PCに取り込めるデータなのだとわかれば、CDパッケージは個人で所有する必要がなくなる。昔の子供たちが1枚のアルバムをそれぞれカセットにダビングしたのと構図は似ているが、止まらないCD不況はレコード会社をおおいに焦らせた。通称CCCD、コピーコントロールCDはゼロ年代前半に生まれ、大手レコード会社が次々とこれを採用。反対する音楽家たちの声は、よほどの大物でない限り無視された。音質の違いは一般家庭のオーディオでは判断できない。いや実際に一部のプレイヤーで音飛びが発生する。賛否の声はさまざまで、代替案もないままにCDの売上はずるずると下がり続ける。そしてその間にもネットでは次々と新たな展開が生まれていくのだ。

2003年、アメリカでマイスペースと呼ばれるSNSが始まった。音声ファイルや画像ファイルを公開できるサービスが特徴で、ミュージシャンが新曲をアップロードすれば全世界に向けた即席プロモーションが可能になる。マドンナ、U2、ビヨンセなど有名アーティストがこぞって参加したし、ここから実力を見出されデビューするリリー・アレンのような新人も出てきた。

世界最大のSNSとの触れ込みで同社が日本上陸したのは2006年で、多くの若手クリエイターが新しい自己発信の場としてこれを利用した。同時期に日本ではミクシィが流行。趣味を語り合うコミュニティが大量に生まれ、たとえば音楽好きなら友達やバンドメンバーもSNSで募集する、今までにないオンライン・コミュニケーションの時代が始まった。

ネットの流行り廃りは現実よりもスピードが速い。マイスペースの人気はいつしかユーチューブやインスタグラムへ分散。ミクシィのような語らいの場は、より手軽なラインやツイッター、フェイスブックに移行した。自作の音楽をアップする場所も、最初はニコニコ動画、今ならサウンドクラウドやティックトックが主流だろう。ただし、これらのサービスが5年後も続く保証はどこにもない。さらに便利なアプリが生まれては消費されていく。

かつてプロモーションビデオと呼ばれていた楽曲の動画は、ミュージックビデオ、通称MVと呼び方が変わった。動画作りの機材も安価になり、編集も素人なりにこなせてしまう時代だ。MVはスペースシャワーTVなど音楽番組専門チャンネルで流してもらうものではなく、ユーチューブに投稿し、スマートフォンで見るのが当たり前になった。アップル社が初代iPhoneを開発するのは2007年、翌年にはアンドロイド端末が登場する。

共有、拡散、「いいね」の数。スマホ発のSNSカルチャーは誰にも止められない。少なくともゼロ年代まで、ライブ写真の撮影はアーティストの肖像権を盾に禁止されていたが、そのうち勝手に動画をアップしてもらうほうが宣伝になるのだと誰の目にも明らかになった。スマホの普及率を考えれば当然である。再生回数は人気の指数。個人個人がSNSで小さなメディアを作り、一瞬のバズが大きなうねりを起こす。新メディアは旧メディアを葬り去る。インディ系ロックに強かった音楽雑誌『クッキーシーン』やパンク専門誌『ドール』が終わるのは2009年のことだ。

さて、ロストエイジの話からいったん離れ、ここでは五味岳久が個人メディアとなった日の話から始めていこう。舞台はツイッターだ。

2009年の夏、友人から話を聞いて始めたものの、最初は何が面白いのかわからなかった。タイムラインを流れる暇人たちの140文字。現在ほど意見の分断や攻撃性も目立たない、もっと呑気なSNSだった。のどかすぎてどうでもよくなり、2日くらいでやめた。

そこから半年。2010年に入ってすぐ、大阪にあるフレイク・レコーズの和田貴博、8ottoのTORAとライブに出かけ、帰りに寄った飲み屋で「今ツイッターが面白い。お前もやれ」と勧められた。これはバンドのためにもなるのだと。半信半疑でアカウントを再開設し、アイコンは昔ブログに載せた適当なイラストを選んでみた。自画像と言っていいのか、頭から何かが噴火しているふざけた絵だ。和田とTORAは普通の写真を使っていたから、岳久の変なイラストを羨ましがる。それいいな。それやったら何言っても許されそうやん。そうして異口同音に言われた。俺のも描け！

あくまで友達同士の他愛ないやり取りだった。音楽には乗せ切れないユーモラスな部分も、気心の知れた友人の前なら自然に出せる。2人のアイコンもふざけ半分で進呈した。その一部始終を見ていたのがアジアン・カンフー・ジェネレーションの後藤正文で、自分にも書いてくれと言い出したところから話は膨らみ始める。写真も見ずに想像で描いた、似顔絵とも言えないメガネの人物画を、後藤正文は喜々としてアイコンに使い出した。すでに彼のフォロワーは数万人以上、また後藤はツイッターで日々鋭い発信を続けていたから、突然替わったアイコンに興味を持つ者は多かった。

「それいいなぁ。俺にも描いてくれる？」

頼んできたのはフロンティア・バックヤードの田上修太郎や松田〝チャーベ〟岳二ら、先輩のバンドマンたちだ。普段は会えない東京や大阪のバンド仲間とオンラインでつながれるのは嬉しかったし、かといって親密になりすぎない、言いっぱなしで過ぎていくタイムラインも性に合った。ライブハウスで長年育んできた関係性が一気に開花する時期だ。最初はぽつぽつと、途中からは爆発的に、イラストのリクエストが入った。依頼を受けることで初めて縁が生まれたミュージシャンも多い。描いた数は220点以上だ。

敬愛するハイ・スタンダードの横山健、ブラッドサースティ・ブッチャーズの吉村秀樹、いとうせいこうら文化人にまで拡がっていくユーモラスなイラスト。それらは「五味アイコン」

と呼ばれ、ロストエイジの存在を知らぬまま五味岳久をフォローする人々が続出した。当然ながら「ユーチューブで初めてロストエイジを聴きました」との声も多い。初めてのバズだった。トイズファクトリー時代、血を吐くほど真剣に考えて狙っても生まれなかったヒットが、今まさに岳久の身に起こっているのだった。

「こういう時代かぁ、と思いましたね。レコード会社があんだけ金かけて広告出したりメディア露出を取ってきてくれてたのに、ケータイで投稿するだけで同じくらいの発信力がある。価値観が変わったし、一番画期的な変化のタイミングやったと思う。ただ、それがバンド活動とすぐに結びつくわけではなくて。なんか可能性あるなと思いながら波に飲まれてましたね」

突然の出来事にふわふわした気持ちになるが、さりとてSNSばかりやっていられない。年明け以降ロストエイジはスリーピース体制になり、次なるアルバムに向けて走り出すところであった。

リリースの当てはすでにあった。東芝EMIの中にあったメジャー内インディーズ・レーベル、アボカド・レコーズ。その主宰者である斉藤匡崇が「一緒にやろう」と声をかけてくれたのだ。

UKプロジェクト時代の斎藤とは別人である。斉藤匡崇はアボカド・レコーズを立ち上げる前に東芝EMIスタジオ事業部で働き、レコーディングエンジニアとしてはナンバーガール、アートスクールなどの作品を手掛けてきた人物だ。岳久がまず彼の耳を信頼していたし、その彼から、まだ3人体制になって間もない頃に誘われたのがありがたかった。音楽性がどう変わるかもわからないのに、バンドとして深く信頼されている気がした。であれば、全力で応えるのみだ。

ギターが1本減ればアンサンブルは変わる。薄っぺらくなったとは絶対に思われたくなかった。3人編成バンドの作品をいくつも聴き込み、どんなアレンジなら曲が映えるのかを熟考する。歌、ベース、ギター、ドラム。それぞれの輪郭がよりクリアになった。トイズファクトリー時代にポップなものを作ろうとした反動で、ささくれた音のパンキッシュな曲が増えていく。あとは陰のあるダークな曲、Zの根本潤にサックスで参加してもらうフリージャズのような曲も。3人の心がひとつの目標に向かっていたし、本当に自分たちの好みに寄せて作れた手応えがあった。初のセルフタイトル『LOSTAGE』。気分としては、新バンドのファースト・アルバムに近い。

アボカド・レコーズはプロモーションとリリースを手伝うだけで、曲の内容に口を挟むことはない。また、このレーベルは渋谷区の富ヶ谷に小さな事務所を構えており、会うのは斉藤と顔見知りのスタッフ数名。そんな環境も心地良かった。音作りのパートナーは、これまでの池内亮からKJこと上條雄次に変えた。アボカド・レコーズ所属、斉藤匡崇の下で働いていた若きサウンドエンジニアだ。年も近く感覚も合った。

2月。KJと2人で最終ミックスを終え、富ヶ谷からひとり奈良に帰るため駅に向かう。東京では珍しく降雪が続いた年だ。雪景色の中を歩きながら岳久は、震えるような達成感を噛み締めていた。やった、と心から思う。これまでのレコーディングでは味わえなかった感覚。次こそ売れるとほくそ笑む野心はない。純粋に、新しいロストエイジの音ができたことに満足していた。

それだけの気持ちがありながら、いや、だからこそなのか、『LOSTAGE』のアルバム取材はあまりスムーズに進んでいない。プロモーション活動自体に懐疑的だった。以下は2010年5月の発言だ。

「取材してもらってこういうこと言うのもアレやけど、もともと形のない音楽をわかりやすい型にはめて、雑誌やったら文字にするとか、そこに僕は違和感を感じてて。音楽を説明することもナンセンスやと思いますよ?」

いい加減、幻想という幻想がなくなっていた。出稿費ありきのメディア露出。なんとか上手く話をまとめようとするインタビュアー。無遠慮にレンズを向けてくるカメラマン。毎月のように「大傑作が出る」と謳い文句を並べ立てる音楽雑誌の裏側にはとっくに気がついていた。

雑誌出版社の人間は宣伝費の中から出稿料を受け取り、記事を作ることで生計を立てている。派手に何かを祭り上げることでエンターテインメント業界を回していくのは、なるほど彼らの仕事なのだろう。仕組みが理解できれば腹は立たない。ただ、清々しさを覚えるほどに距離を感じた。

２０１０年6月2日に発売された『LOSTAGE』の、売上枚数は過去作品とほとんど同じだった。精一杯ポップに寄せても、自分たちの好き勝手にやっても、結果はなぜか変わらない。そしてトイズファクトリー時代と違ったのは、入ってくる印税のパーセンテージが少しだけ上がったことだ。

メジャーで1〜2%の印税率は、インディーズになると少しだけアップする。派手に宣伝して話題を作ることが難しいぶん、せめてアーティストへの還元率を増やそうという考えに基づくものだ。それでも岳久には比率の根幹がわからない。そもそも作った本人たちに数%という根拠は何か。それは本当に今の時代のやり方か。ＣＤの売上は目に見えて下がり続け、今後またミリオンセラーの時代が来るとか、そんな想像はまったくできないのに、業界のシステムが変わらないことが不思議でならない。そのシステムをいったい誰が作り、どんな人たちが支えているのかも。

ネットを少し調べれば、裏方の話などいくらでも暴露される時代になっていた。さらにツイッターで五味岳久の名前はますます有名になっていく。「五味アイコン」のリクエストはいまだ絶えず、小さなバズが本格的なバズに変わり、7月以降は大阪や東京で似顔絵展が開催されることが決まっていた。ひょんなところから舞い込むイラストレーターの仕事も多い。もしかして、と思う。今なら俺ひとりの発信でイケるんちゃうか。

自主制作でやる。漠然としていたイメージが急速にクリアになっていく。いつまでこのバイト生活を続けるのか。29歳で結婚し、奈良市内に所帯を持ち、いよいよ生活を真剣に考える必要があった。

勝算はない。だが、このままどこかと契約しながら作品を出していてもバイト生活からは抜け出せない。全国で開催されるロックフェスがあり、定額聴き放題のサービスが増え、音楽そのものは盛り上がっているように見える。なのに作り手だけが音楽では食えない。

はっきりと思う。俺らの世代、夢がなさすぎる。

相変わらずライブは楽しかった。この瞬間だけは信じられる。得られる実感も年々強まってきた。6月から始まった全国ツアーは信頼できる仲間のバンドと共に駆け抜けた。3人のアンサンブルはいよいよ安定し、観客も新しいロストエイジを受け入れているのがわかる。手応えは大きい。

ツアーの最後は東名阪のワンマン公演。会場である渋谷や心斎橋のクラブクアトロは、中野がいた『GO』のツアーでも千秋楽を飾った場所だ。つまり動員はまったく下がっていない。不安要素のない状態で岳久の声はよく通った。3人体制になって一番の変化は、音の隙間が増えて歌が聴き取りやすくなったことだろう。日本語に聴こえない洋楽っぽい響き。そんなこだわりも、この頃にはなくなっていた。

9月、ツアーの勢いをそのまま閉じ込めた1曲をレコーディングした。エンジニアは再びKJこと上條雄次。新曲「UFO」は、しばらくの活動休止から復活した8ottoとのスプリットとしてフレイク・レコーズから限定販売されている。アボカド・レコーズよりもさらに小さな個人レーベル。制作からプレスまでレコードが作られる過程も間近で見ることができた。直接の受注生産で小さなレコード店を切り盛りしている友人の存在は大きい。

「なんか知らんけど『LOSTAGE』出た時にお店回りに付いて行った記憶があって。面出しのCDとかポスターとかあるじゃないですか。『これナンボ払ってんねんで』『この展開には30万くらい』とか言ったら急にびっくりしてたんは覚えてます。ミュージシャン、そういうの知らないですよね？　興味ない人は別にいいですけど、あいつは興味あるタイプじゃないですか。知っといたほうがいいに決まってる」

フレイク・レコーズ和田貴博の証言である。彼と遊ぶ時間が増え、話をするほど目から鱗が落ちていく。エンターテインメントを回すための仕事と金の動き方。今まで不信感しかなかった人々の、実際の業務をあまりにも知らなかった。明らかに大事な仕事もあれば、不要に見えるものもある。それらを全部調べていけばロストエイジは自分ひとりでリリースできるのかもしれない。和田からもよく言われた。できるんちゃう？　やってみろよ。

売れる夢はもう絵空事だ。ここからは生活に根ざしたバンド活動がしたい。

生活。その二文字がなんだか素敵なものに見えてきた時期だから、初めての大型自主企画にはその名前をつけた。10月31日、700人を収容する名村造船所跡地で行われたロストエイジ・プレゼンツ「生活」。UKプロジェクト時代からツアー関係の手伝いをしてくれた、イベント制作会社の前田英克が提案者だ。これだけツイッターが盛り上がり「五味アイコン」仲間が増えた今、せっかくのつながりを活かす場があってもいいと。

自主企画なら奈良で続けている「SHOWNEN」がある。名前は「SOWNEN」と年相応に変えていたが、大阪で派手にやるなら別の名前が必要だった。何者にも染まらないロストエイジの原点が「少年」なら、今提示すべきはライフスタイル、生き様かもしれない。そんな気持ちを込めた「生活」は、その後、年に1回の大型イベントとして続くことになる。

忙しい年だった。降って湧いたような「五味アイコン」ブームと、自主制作に向けた助走と、相変わらず続くバイトの日々。いい音楽を作ればCDが売れて印税で食っていける。10代の頃に描いた理想とは大きく違う現在地だが、自分の手から生まれたものがひとつひとつ形になっていくのは気持ちが良かった。やったぶんだけ自分に跳ね返ってくる、他者を挟まない関係性。そういえば、こいつ何の仕事してんねん、と思う人が今は周りにいない。

アボカド・レコーズの斉藤匡崇が相談に乗ってくれた。前回のプロモーションはどのように進めたのか。アルバムを卸すCDショップはどこがメインなのか。質問内容をさらに詰めていく。たとえば原盤権を半分持った場合バンドの取り分はどうなるのか。あるいは原盤権を全部持つ場合は。数字を試算してもらえばもらうほど、次もレーベルに所属するという選択肢は潰えていった。斉藤が「いつでも一緒にまた作ろう」と言ってくれるのが、ありがたいような、どこか悲しいような心地がした。

結局、岳久は独立を選んだ。積極的なチョイスというより、可能性を考えたらそれしかなかった。可能性とは、今のバンド活動をいかにして生活につなげられるか、という意味である。なんとなくイメージしていたのはtoeのやり方だ。昔からメンバーそれぞれが本業を持ち、生活者としての暮らしを安定させたうえで音楽を続けている4人組。ただの趣味と呼ぶにはクオリティの高すぎる、世界に熱狂的なファンを持つインストバンドだ。ほぼノープロモーションのまま、売れるか売れないかを気にすることなく作品をリリースし、インディーズの世界で常に一目置かれている。そういう佇まいは昔から憧れのひとつであった。年末、渋谷で行われたイベントでtoeと共演した後、岳久はリーダーの山嵜廣和に話しかけている。

「俺、これから自分でレーベルやろうと思ってるんです」

返ってきた言葉はごく自然だった。

「今時バンドだけで飯食うの無理っしょ。どこかに所属してやる必要もない時代だし。俺らみたいな感じのバンドなら、自分でレーベルも仕事もやるのが当たり前だから」

「俺ら」には自分たちロストエイジも含まれるのか。さりげなく仲間入りを認めてくれている、そんなニュアンスが嬉しかった。自分でやると決めてはいたが、いよいよ本格的に背中を押された気がした。

やってみればいい。無理ならまた考えて違うやり方を探せばいい。バンド自体はもう終わる気がしない。奈良で暮らしながら3人でスタジオに入り、ライブハウスに出ていく限りロストエイジは続くだろう。あとはそのことを生活に結びつける。非日常のロックバンドを目指していた若い頃の情熱は、今や、対極のものに変わっているのだった。

まずメンバーを説得した。来年からバンドは自主で動かしたい。専念したいからバイトを辞めてやらせて欲しい。それまできっちり分割していたバンドのギャラを、レーベルを回す資金として使わせてもらう。2人の意見を無視する気はないが「俺のやりたいようにやらせてくれ」とも断った。拓人と岩城はスコンと首を縦に振るだけだ。昔からそういう関係である。

2011年1月。渋谷パルコで過去最大規模となる「五味アイコン似顔絵展」が行われている水面下で、3人は新作に向けて動き出している。いきなりフルアルバムで失敗するのはダメージが大きいので、まずは試作的にミニアルバムを。今回ばかりは出すこと自体が実験のようなものだ。

曲作りの合間を縫って岳久はとにかく調べ続けた。レコーディングにかかる費用は。サウンドエンジニアにはいくら必要なのか。流通会社の種類は。録音した曲がアルバムになっていく経緯は知っていたが、具体的には知らないことだらけだった。改めて思う。今までの自分たちの甘さを。既存の環境に収まり周囲に期待し、期待するくせに毒づいてばかりいた幼さを。気付けば結成から10周年。ようやく土台ができていく気分だった。新曲は5曲。次は自主でリリースするとの決意をブログに書き込んだのは3月8日のことだ。

3日後の午後、似顔絵展で売るための缶バッジを自宅で作っている最中、体がぐらりと揺れた。

東日本大震災。関西圏に直接の被害はなかったが、ニュースから伝わる衝撃はあまりに大きかった。日本中が動揺し、余震に怯え、デマに翻弄され、放射能の恐怖に放心していた。ことに東北の被害は甚大で、行方不明者の数すらはっきりしない。心がざわついて仕方がない。あの人どうなった?

親戚から風の噂のように伝え聞いていた話だった。10歳の時に家を出た父が、今はどうやら仙台で暮らしているらしい。

探そうとしたことはない。会いたいと思ったことはなく、会ったところで何を話していいかもわからない。ただ、津波で死んだかと思うと自分でも驚くほど取り乱していた。岳久より3年分記憶の薄い拓人は比べても冷静だ。「今会っても別に他人やろ?」とドライに言い放つ。その気持ちはよくわかる。わかるのに放っておけなかった。父のこと、仙台にいるらしいこと、誰か安否を知らないか教えて欲しいと思っていること。長めのブログを夢中で書いた。もし連絡があったら自分はどうするのか。そこまで考えられないまま発表していた。

結局、それを読んで連絡をくれたのは親戚筋のひとりだった。無事だと知らせがあった。今は仙台空港の近くに住み、共に暮らす家族のような人々もいる。津波で全部流されたらしいが、ぎりぎり逃げられたのだと。

ほっとした。嬉しいというのは違うが、まぁ生きているなら良かったと思う。その後、会いたい気持ちが湧き上がってくるわけでもないのだから、面倒臭いと自分でも苦笑したくなる。ただ、これだけ激しく乱高下する自分の感情をなかったことにするのは、もうやめたいのだった。

録音前に思わぬ混乱がありすぎた。奈良にいる限り日常はつつがないが、震災の爪痕は大きい。ニュースやSNSを見るだけで気が滅入る日々はまだまだ続いていた。せめて少しでも気分を軽くする、ふわりと口ずさめる歌があれば。自然とアコースティック・ギターに手が伸びる。

考えてみれば好きな街が多いのだ。父とは関係なく仙台は昔から大好きだったし、福島のいわきも何度もライブをした思い出深い街だ。仲良くなった地元のバンド、ライブハウスの人たちの顔が思い浮かぶ。まずは自分の気持ちを整理するために歌おう。そう考えながらも、遠くにいる彼らに何かを届けたい気持ちも、確かに芽生えていた。

被災した人々の悲しみを代弁するのも、そこに寄り添おうとするのも嘘臭い。僕らは僕らの場所で、僕らのやり方で生きている。そのことを歌にしたかった。ツアーで訪れた全国の街を思い、そこにあったそれぞれの暮らしを思う。被災した港町を思い、奈良での暮らしを思い、それぞれの、そこにしかない居場所を思った。初めて誰かのために作る歌になりそうだった。「ようやく自覚的になったのかも。自分の街とか、誰かの暮らすその場所にある生活とか。結局10年かけて積み重ねてきたことやと思うんですよ。結実したと思う。初めて、この曲で」

パッと浮かんだ明るいメロディに、これまた自然な日常の言葉を乗せてみる。あえて熟考はしなかった。さりげない励ましとやわらかな希望。タイトルを考えた時、街の愛すべきライブハウスが浮かんだ。ネバーランド。考えたらなかなかいい名前やん。少し照れ臭いが、自分の中からこぼれ落ちた本音を引っ込める気にはならなかった。当初5曲入り予定だったミニアルバムに、こうしてラストナンバー「NEVERLAND」が入ることが決まった。

4月にはレコーディングが始まった。東京でのライブの翌日、そのままアボカド・レコーズ所属のエンジニア、KJを機材車に乗せて奈良へ。6～7時間のドライブを終えて、翌日からネバーランドでの録音作業に突入した。

やり慣れたライブハウスで録る理由は、地元にこだわりたかったことと、経費削減が半々だ。アボカド・レコーズに連絡してKJにレコーディングを依頼すれば、いきなり60万円近くが必要だと教えられた。その時点でバンド貯金は全額消える。都市部のスタジオを借りる余裕はなく、ネバーランドにかけ合い、ライブ予定のない平日をかなり割安で3日間借り切った。フロアライブ状態での一発録り。アンプやドラムセットなど、どこに何を置けば一番いい鳴りになるのか、それぞれ考えながらマイクを立てていく。可能な限り友達をゲストに呼び込みアットホームな空気を心がけた。攻撃的な1曲目「HELL」から始まる作品だが、最後に「NEVERLAND」があることに自分でも救われる思いだ。ネバーランドの曲にはネバーランドの奴がいてもいい。ベースは顔見知りの副店長、たまたま受付にいた向井真吾に弾いてもらった。

その後のマスタリング作業、さらには流通会社に払う出荷手数料やJASRAC対策の保留金。具体的な金額を順に支払い、CD売上でどれくらい回収できるかを試算していく。ジャケットは初めて自分で描いた。やけにパンチのある鶏のイラスト。「五味アイコン」人気は続いていたし書籍化の話も進んでいたから、今はこの画風が最もいい武器だ。あらゆる経費削減に奔走しつつ、インパクトの強い発信も必要である。タイトルは『CONTEXT』。今さらドラマティックな名前は必要ない、これが仕事と思い命名した。

続いてはプロモーション作業。といっても派手には動けない。過去に知り合った各媒体の人間、バンド仲間、ぜひ聴いてもらいたいと思う関係者たちに、自分で作った資料とCD-Rを送付していく。いいものができたと思う自分と、これは最高ですと宣伝する自分に言いようのないズレを感じた。なるほど、人任せにしていたのはこれだった。レーベルやレコード会社が全部やってくれていた。過去の不信は、初めて感謝に転じるのだった。

そのあと、作品を出すための自主レーベル、スロート・レコーズが誕生した。自宅でまず名前を決める。『LOSTAGE』収録の「喉」は自分でもわりと気に入っていたし、昔聴いたバッド・

ブレインズのCDで、ボーカリストH.R.のクレジットが「Vocal」ではなく「Throat」になっていたのが格好良かったことを思い出す。歌を歌う人間として、喉、というのは悪くない気がした。落書きのようなレーベルのロゴを考え、それをアイコンにしたユーチューブ・チャンネルを開設。これでいいのかまったくわからないが、レーベルの始め方に正解はない。ミニアルバムの発売は8月と決めた。

ライブは相変わらずコンスタントに続いていたが、岳久ひとりのアコースティック・ライブが増えたのはこの頃からだ。震災後、バンドでまとまって動くことは不可能でも、シンガーひとりなら動けると、身ひとつで被災地を訪れて歌うボーカリストが増えていた。もちろん向かう先を被災地に限定する必要はない。求めていた人も案外多い。全国の小さなライブバーやカフェから、アコースティック・ライブのオファーが次々と舞い込んできたのだ。

正直、弾き語りは岳久の得意なスタイルではない。昔は絶対にやりたくなかったし、いざやってみてもバンドほどの高揚はないと思う。ただ、知らない街にふらりと出向き、呼んでくれた人と話したり、観客と直接目を合わせて歌う、その空気や距離感は決して嫌いではないのだった。

「弾き語り、お前、行こうぜ」

ブラッドサースティ・ブッチャーズの吉村秀樹に声をかけられたのもこの頃だ。神戸と京都と静岡、さらに福岡と宮崎と鹿児島、2人で巡る弾き語りの旅。ブラッドサースティ・ブッチャーズに、かつてのメンバー中野博教ほどの思い入れはなかった。日本オルタナティヴ・ロックの至宝と、ほとんど神格化されるように慕われる吉村秀樹にとっては、五味岳久くらい距離のある後輩のほうが誘いやすかったのかもしれない。気楽な旅になるはずだった。

ギターと歌唱を目の当たりにするたび、そして空き時間に立ち飲み屋で話すたびに、吉村の人柄にどんどん惹かれていく岳久がいた。頑固一徹なおっさんの一面があり、いたずら好きの幼児のようでもある性格。どこまでもピュアな音楽への向き合い方。また言い出すことは突拍子もなく、話しても話しても飽きることがない。何度も笑った。この人みたいにはなれへん。最初にそう感じたが、この人のやり方を見習って生きていたいと思った。吉村がこれだけ慕われている理由が初めて理解できたし、その後に改めて聴いてみれば、ブッチャーズの音楽はさらに魅力的に、人間的に響いてくるのだった。

なぜか今も覚えている。かつて出したアルバム『yamane』の話。生きた化石とも呼ばれる齧歯類、ニホンヤマネを飼っていた当時のこと。直線と点で構成されたジャケットが、実はヤマネをモチーフにしたデザインであること。「ヤマネはねぇ、いいよ、かわいいよ」。吉村は子供みたいに笑っていた。

6月。静岡にできる新しいライブハウスの壁に絵を描いてくれと、なかなか珍しい仕事を終えた翌日のことだ。帰って仮眠を取り、いつものようにツイッターをぼんやり見ていたら我が目を疑うリプライが飛び込んできた。

「新作の音、ファイル共有サイトにアップロードされてます」

まさか。検索すると意外なくらいあっさり見つかった。まだジャケットもない『CONTEXT』のダウンロードリンク。思わず声が出た。同時に全身から力が抜けていく。何をしていいのかわからず、勢い、ツイッターに書き込む。

やりやがったなクソ野郎。

まるで知らなかったことではない。何年も前からニュースになっていたし、頭の片隅では危険性もわかっているはずだった。

この時期、発売前のアルバム音源や公開前の映画がネットで流出する事件は、世界的な有名アーティストから知られざるマニアな作品まで、知名度に関係なく起こっていた。被害に遭ったミュージシャンは慌てて発売予定を前倒ししたり、また作品を作り直すと宣言したり。ただしそれはレコード会社への対応であって、流出させた犯人を特定できるものではない。謎のダウンロードサイトはどこの国の誰が作ったものかも不透明で、誰がいつアクセスしたかは調べようがない。最悪のイタチごっこ。CDやDVDがデータの容れ物である以上は終わらない戦いだ。

ただ、それでも岳久はCDを売りたいのだった。CDパッケージにまだ思い入れがあった。『CONTEXT』の収録曲「12」も、実際の歌唱と歌詞カードの内容が少し違っている。音では言い切っても、言い切れない感覚を紙に残しておきたかった。読む人がそこから意味を感じ取ってくれたらいいと思う。ワクワクしながら封を切って、歌詞カードをじっくり読みながら聴く、その行為も含めて音楽だと考えたいのだ。この世代特有の価値観であり、ほとんど最後の意地かもしれない。以下は2011年7月の発言だ。

「自分にとって音楽はCDで、この形にも思い入れがあって。でも、CD1枚売って俺らに還ってくるのは10円とかで、それやったらTシャツ作って売ったほうがバンド運営には役立つんですよ。考えてみたらおかしいじゃないですか。俺らが作ってるのは音楽やし、まずCDを買って欲しい。音楽を作ってるし音楽を売ってることを実感したかった」

起きてしまった流出問題については、実際のところ打つ手がなかった。サイトに対して警告文を送ることはできるが、やったところでまともに取り合ってもらえないと聞かされる。誰が敵なのかもわからない世界。許せない。しょうがない。では誰を許さないのか。いったい何がしょうがないのか。気持ちの落とし所がまったく見つからない。

数日後、心斎橋パンゲアでのライブ中、唐突に思う。俺が今やってることは何なんや？　途端に歌う気力も残っていないと気付いてしまった。もうやれへん。それだけを言い残して岳久は楽屋に消える。やってはいけないことだった。

「お前今すぐ出てこい！　みんなチケット代払ってるやろう！」

激怒したのは拓人だ。昔から兄のやることはだいたい肯定し、尊重してくれた弟が凄まじい剣幕で叫んでいる。客も黙っていない。出てきてよ。異様な空気の中、それでもロストエイジに起こってしまったことを誰もが心配し、なんとか励まそうとしていた。楽屋で泣き崩れながら、心の片隅で岳久は思う。バンドで良かった。ひとりだったら完全に心が折れていた。

後日メンバーとはよく話し合った。信頼している友人や知人、直接聴いて欲しいと思った人にしか渡していないCD－Rだ。故意にやられたとは考えたくなかった。犯人探しに躍起になるのも生産的ではないし、自分も友人もさらに傷つくだけだろう。「うっかり、どこかから出たんやろうな」。3人でそう納得した。するしかなかった。

あえて楽観的にいうなら、ツイッターですっかり有名になった岳久の怒りが、200人以上いる「五味アイコン」仲間に伝播し、またアイコンとは関係なく多くのミュージシャンが事件を知り、それぞれ我がことのように憤りの声を寄せることで、ロストエイジの認知度がさらに高まった。そんな効果は確かにあっただろう。違法ダウンロードがいかに表現者を傷つけるのかが大々的に喧伝された。傷ついたロストエイジを応援する意味で「ちゃんとCD買います」とつぶやく音楽ファンも多かった。誰も望まなかったこの騒ぎは、今でいう炎上マーケティングにも近かったかもしれない。

『CONTEXT』はスロート・レコーズより8月3日に発売された。売上は5000枚程度。ネット流出のダメージは数字に表れず、また、過去作品のセールスと比較しても遜色のない売行きだ。本当に自分たちだけで回せるのか。最初の実験は圧倒的黒字とまでは行かなかったが、とりあえずの成功であった。ミニアルバムは1600円。次のアルバムを2500円で売れば、自主レーベルに入ってくる額はさらに増える。自分ひとりにやらせてくれと言った手前、音楽以外の雑務は増えたが、仕組みを知れば知るほど岳久は面白さとやりがいを感じているのだった。

次のアルバムに向けて曲作りを続ける時期、岳久に初めての子供が誕生した。2012年1月のことだ。女の子。彼女につけた名前はそのまま新曲となった。「NAGISA」。アルペジオに彩られた美しい旋律と、聴き取りやすく優しい歌声。続いていく物語を綴った歌詞は、最後、このように結ばれている。

渚、僕等はまだ美しい夢を見てる

「NAGISA」ができたことは、岳久にとって「NEVERLAND」と同じくらい大きなターニングポイントだった。誰かのために作る歌。誰かを思う気持ちが作らせる音楽。曲を作る意味、というものを考えながら書いた1曲だ。自分の中に言いたいこと、伝えたいことが確かにあった。生まれてきてくれた娘になのか、愛する妻に対してか、数年後の自分に対してなのか、はっきりと明言はできない。ただ、この純粋な心の動きから始まる何かを、自分はずっと、夢、と呼んできたのだと思う。

「お金じゃないですよ。夢って。売れないから夢を諦めるっていう話もあるけど、そういうことではなくて。別に金がなくても人気なくても見れる夢ってあると思う。それが自分にとって音楽やったし、その音楽で感動した気持ちやったし。だから夢を見続けるっていうのは、少年性を失わないのと同じ、僕らロストエイジが持ってる大きいテーマのひとつですね」

「NAGISA」を筆頭に、とてもポップな曲が増えた。轟音のオルタナティヴ・ロックが好きだという感覚はもはや変わらない癖のように染みついているが、それだけに固執する理由も、わざとノイズや変拍子をぶち込む必要も、今はないように思えた。自分たち3人だけで曲を作り、自分ひとりで売っていく以上、誰かを疑いながら音や態度で尖り続ける意味はなくなった。

思えば『LOSTAGE』と『CONTEXT』までは、4人から3人になったことで舐められてたまるかと気負いすぎていたかもしれない。中野がいた頃必死で作ろうとしたポップなメロディが、不思議なくらい自然に引き出されていく。メロディやコードも普遍的なものを使うことに抵抗を感じなかった。歌詞も素直に当たり前のことを書く。書くことに対して真面目になったと岳久は思う。アクセントや響きの格好良さではない、本当に届く言葉が欲しくなったのだ。英語の対訳をつけなくなったのもここからだ。

ブルーハーツを知った小学4年生、それよりさらに昔に感覚が引き戻されていくようだった。以下は2012年6月のインタビュー発言だ。

「いろんな音楽聴き始める前の、ほんま原点ですね。なんとなく覚えてる、小さい頃に聴いたメロディとか。そういうところまで戻る感じはあります。いらん情報がなくても楽しめる音楽。僕らにロストエイジという名前がなくても、自主でやってるとかトピックがなくても、ただそこで流れてて、いい曲やなって思える音楽を作ろうとしたんですね」

早春のレコーディングはまたしてもネバーランドで行った。東京からエンジニアのＫＪを呼び、彼とメンバーの４人だけで平日のライブハウスを数日間貸し切った。サウンドのベーシックをそこで録り、後日東京のアボカド・レコーズのスタジオを借りて歌入れを行う。ロープスのアチコ、Ｚの根本潤など、過去作同様のゲストにも参加してもらう。Ｚからはギタリストの魚頭圭にも参加してもらった。ＭＶも前作から関わってくれた映像作家のMINORxUに頼む。信頼できる関係性。この密な人間の輪から生まれる、音楽だけがこだまのように届けばいい。次のアルバムタイトルは『ECHOES』だ。

２０１2年7月11日に全国流通が始まる『ECHOES』は、その直前、東京のライブ会場で先行販売されている。アスパラガス、ザ・バンド・アパート、カムバック・マイ・ドーターズ、ロストエイジ。４バンドで回る恒例のＢＫＴＳツアーである。会場はキャパ１７００人のSHIBUYA-AX。終演後に岳久自らが売り子として物販に立った。何百枚と売れに売れた。想像を遥かに超えて。

自主レーベルを設立して以来、流通はスペースシャワーＴＶ系列の会社に任せていた。売上の40～50％を持っていかれるが、大きな組織だから全国の小売店にくまなく置いてもらえる。CDショップにも卸すための費用がかかるとはいえ、やる気のある店員が試聴機に入れてくれ、熱意ある手書きのポップを添えてくれるかもしれない。そういう効果を信じて今まで流通会社を必要としてきたが、果たしてそれは本当だろうか。初めて考えたことだった。

毎回出せば5000枚程度は売れるロストエイジの作品。言い換えればそれ以上爆発的に数字が伸びる可能性は、よほどのことがなければもう起こらない。そして一日のライブで数百枚が捌けてしまうなら、これは何か、新しい売り方の可能性ではないのか。はっきりと掴めたわけではない。そういえば流通って、買ってくれた人の反応が見えへんな。ライブ現場でファンに直接売ることで、そんなことにも気がつくのだった。

2012年7月29日。フジロックフェスティバルにロストエイジは初出演している。年の始めにイベント制作会社の前田から「もしかしたら出られるかも」と連絡があり、数ヶ月後「イケそうです」、そこから「ほぼ決定」に変わっていった話だった。岳久がバンドを始めた頃にスタートした日本初の本格的ロック・フェスティバル。国内最高峰と謳われ、何度も憧れのアーティストが登場した苗場の舞台。どのフェスもしょせん商業主義という声はわかるが、日々そういうことを疑いがちな岳久であっても、フジロックだけは特別だとの思いがある。はっきりいえばフジロック出演は、メジャーデビュー以上に明確な、バンドの目標のひとつだった。

3日目の朝10時20分、レッドマーキーの1発目。連泊の客が多く、この時間から臨戦態勢になった客席から凄まじい手拍子と歓声が起こる。ロストエイジのことを全員が求めていた。どんな大きな会場でも感じたことのない高揚があった。最初の曲は最新アルバムから「BROWN SUGAR」。ハードな音に触発されてモッシュやクラウドサーフが起こるのも、普段のライブハウスではなかなかないことだ。岳久が口を開く。

「いろいろ言うことを考えてきたんですが……もういいです。集まってもらってありがとうございます」

頭が真っ白だ。下手に喋ると大切なものが濁ってしまう。こんな夢あるんか。ようやく何かを掴んだ実感があった。誇らしくて泣きそうだった。

スロート・レコーズがロストエイジ以外の作品リリースに向けて動くのは、当初のイメージにはなかったが、縁や偶然があれば自然にできることであった。『ECHOES』でゲスト参加してくれた根本潤や魚頭圭のバンド、Zが、この夏アルバムのリリースに向けて動いていた。拓人が1曲ギターで参加していたこともあり、岳久は共にスタジオに遊びに行き、ラフミックス音源を先に聴かせてもらっていた。完成したアルバム『絶塔』は震えるくらい好みの作品だ。これはアナログで聴きたいと直感的に思い、また口にも出していた。

「レコード作らないんですか？　出すんやったら僕やりますよ」

これまで8ottoやクリプトシティとのスプリット7インチは出していたし、フレイク・レコーズの和田を見ていれば、アナログ受注生産の流れはだいたいわかっていた。業者を紹介してもらいながら自分なりにやれそうだ。勝手に申し出た手伝いだから、別に採算は考えなかった。スロート・レコーズに関しては、人気の出そうな新人を見つけて売り出す、あわよくばマネージメントにも関わり一儲けするといった目論見は一切ない。考えに考えて他人のレーベルから独立した自分たちの今と矛盾したくないからだ。

同じようなつながりでリリースする作品はぽつぽつと増えていく。毎回コーラスを任せているアチコのユニット、ロープスを筆頭に、大阪のスプリングサマー、東京のクリプトシティ、スキルキルス。また付き合いの長い地元のバンド、アイニウ・テポなど。全員が友達で、話が決まるのはごく自然な流れである。見知らぬ若手から「作品をリリースして欲しい」と言われたことは一度もない。スロート・レコーズの商売っ気のなさは、いい加減、ロストエイジの活動を見ていれば伝わるというものだろう。

考えてみれば30代になり、知り合う人から「もっと怖い人だと思った」と言われる回数がやけに増えた。気難しい、近寄り難い、面倒な人というイメージは、たぶん実像の10倍くらい増幅されている気がする。

岳久は否定も肯定もしない。わかり合うなら顔の見える距離で話せばいいだけだ。より良いイメージを必死で拡げようとする行為に、もうすっかり興味がなくなっていた。閉じていてもいいから確かな居場所が欲しい。

子供が生まれて以来、自宅で仕事に集中するのが難しくなっていた。リリースの直前にもなれば在庫が溢れて部屋の中は途端に手狭になってしまう。『ECHOES』を携えてのツアーを続けながら、暇を見ては奈良市内の事務所物件を探す日々。高校時代の同級生2人が夫婦で営む洋服屋から「隣、空きが出た」と教えられたのはラッキーな出会いだった。

JR奈良駅から奈良公園に向かうメインストリートの三条通り。交差する道や商店街にそれぞれ名前があり、近鉄奈良駅の西側にある通りが「やすらぎの道」だ。そこに面した8坪ほどの空間。以前は洋服屋だったそうで内装もなかなか洒落ていた。自宅から徒歩圏内、家賃はさほど高くない。駐車場もあり機材車の管理もできそうだ。すぐ不動産屋に連絡を取った。

探していたのは事務所スペースだから、路面店の1階である必要も、入り口がガラス張りである必要もなかった。ただ、偶然出会えた店舗を見れば見るほど、これは何か使い道があるのではないかと思えてくる。自分たちで売るのはロストエイジの音源と、Tシャツやバッジなどの物販グッズ。そういうものをディスプレイするとして、他に、何か。

自然に出てきたのはこれまで大量に買い続けたCDとレコードだ。毎週リリースされる新譜の受注が自分にできるとは思わなかったが、中古ならなんとかなるかもしれない。中古レコード屋のひなびた雰囲気は昔から好きだった。まずは大阪のフレイク・レコーズに電話をかける。

「今度物件借りることになったんですけど、中古レコード屋やろうと思ってて。どうすかね?」

「やめとけ」

あっさり言われた。勢い、不動産屋まで駆け込み契約書に判子を押す。和田貴博の言葉の半分に「頑張れ」のニュアンスが含まれている気がした。事実、和田には応援する気持ちしかなかった。まぁすぐ潰れるやん、などと軽口を叩きながらも岳久の判断を可能な限り後押しするつもりだった。和田から見ても、その店の条件はレコード屋として申し分がないように思えた。

バンドが夢ならばスロート・レコーズは生活の象徴だ。やってみればいい。無理ならまた考えて違うやり方を探せばいい。独立を選んだ時と気分はまったく同じである。あとはやり方を調べるだけ。

中古レコード店を開くのはそこまで難しいことではないようだった。古物商の許可証を申請し、法務局や警察署に書類を提出する。許可が下りれば自分の私物と、あとは知り合いのやっている中古レコード屋にいくつか在庫を分けてもらい、店頭に並べていく。本当に作りたいのはスロート・レコーズの事務所なのだから、ゆっくりと体裁を整えていけばよかった。レコードを入れるための什器を探し、自分のペースで棚を作っていく。雰囲気はなるべく明るくしたかった。いつしか染みついたバンドの尖ったイメージ、散々言われた「怖い人」の人物像から、思い切り離れてみるほうが面白そうだ。

思えば、これまで愛してきたレコード屋やCDショップは、小さければ小さいほど敷居が高く、ガキだった自分をずいぶん怯えさせたものだ。いかにも堅物そうな店長に試聴を頼むのも勇気がいったし、選びに選んだ1枚をレジに持っていく時も己のセンスが疑われているような緊張が走った。おっかなびっくりで通い始め、次第にそこに馴染んでいく過程はとてもいい思い出になっているが、今やりたいイメージはそこになかった。

もう少しカジュアルで、通りすがりの人も気軽に入れる店。衰退するレコード文化を盛大なパーティーで盛り上げようと、2008年からアメリカで始まったレコード・ストア・デイが、この頃には有名ミュージシャンを巻き込み日本でも話題を呼ぶようになっていた。レコードまた流行るかも。そんな岳久の読みはあながち外れていなかったのである。

『ECHOES』ツアーはまだ終わらず、ほとんど見切り発車に近い開店だ。必要なものを買い揃えながら、こまめに店を作り続けた。今も作り続けていると岳久は思う。必要とあらばタイルを貼り、照明を入れ替え、オーディオ環境を整える。自分で自分の居場所を作っていくのが楽しかった。

2012年11月20日、スロート・レコーズ実店舗は奈良市小川町にプレオープンしている。

第四章

Good Luck ／美しき敗北者達

引き継ぐべきもの

インターネットが変えたものは、当然ながら音楽に限らない。

通販が物流を変え、消費の実態と生活スタイルを大きく変えた。スマホやタブレット端末がコミュニケーションの形をさらに多様化させた。ネットなしで生きていくことは、もはや現代社会ではなかなかに難しい。より便利なサービスを一度でも享受してしまえば、それ以前の常識に戻ることも。

以下は総務省「通信利用動向調査」による。20代のインターネット利用機器を調べたところ、以前は自宅パソコン利用者が圧倒的に多かったが、2013年からスマートフォンが初めてそれを上回る。2015年になるとPC利用者は全体の7割弱、スマホ利用者が9割を超えていく。

利用機器がパソコンからスマホに移ることは何を意味するのか。ネットの役割が、Web閲覧や検索、コンテンツ視聴のためではなく、主にSNSやアプリでの個人間コミュニケーションに変わったということだ。

こちらはコスメ通販アプリ「ノイン」の調査だが、「20代女性が化粧品購入時に参考にするメディア」をアンケートしたところ、インスタグラムが34・8%、ユーチューブが30・6%、口コミサイトが26・1％という結果が出た。ちなみにテレビは0・4％、雑誌は2・2％だ。有名女優を起用したマスメディアのＣＭよりも、身近な意見の集合体に若者たちは信頼を寄せる。

ワールド・ワイド・ウェブ。その言葉もいささか曖昧になってきた。ネットは確かに世界につながるツールでありながら、その実、極端にクローズドなコミュニティを形成する無数の村社会のようになっているのだ。

40万人ものフォロワーを誇るインスタグラマーを、隣人がまったく知らないことがある。大人気ユーチューバーもテレビの世界では無名の人扱いで、そのテレビも高齢者以外ほとんど見ていない。ストリーミングで700万回再生された若者たちの「神曲」が、オリコンチャートの10位圏内にさえ入ってこない。そして、それらの世界はどこまで行っても交わることがないのである。

電車の中でみな同じスマホを操りながら、誰ひとり隣人の顔を知らないのと同じことだ。立ち尽くす臨月の妊婦には誰も気づかない。

それでも趣味の世界は人それぞれだと片付けられる。狭いライブハウスの熱狂が、世間一般にまったく知られないことは、昔からよくある話だった。本当に恐ろしいのは「常識」や「良識」の軸がそれぞれの場所で大きく歪んで軋轢を生むことだろう。

スマホの普及は動画投稿と再生のハードルを下げた。同時に増えたのが一般人の炎上事件である。たとえばテーマパークで悪ふざけした若者の動画が炎上し、本人が特定され住所までが晒されたこと。飲食店バイト大学生のいたずら動画が炎上し、本人が停学処分になるだけでなく、店そのものが閉店に追い込まれたこともある。２０１３年頃に増えた、いわゆるバイトテロだ。

もはや驚かない日常になった。悪戯、告げ口、偶然映り込んでいた映像から悪意ある編集物まで、あらゆる投稿が一瞬で拡散され炎上する。決死の覚悟で放たれる告発があれば、最初から炎上目的のフェイクもあり、その真贋はすぐには見分けられない。そしてそれらをじっくり検証していくだけの時間が、ＳＮＳには用意されていないのである。

「倍返し」がユーキャン新語・流行語大賞に選ばれたのも２０１３年だ。敵と決められ吊るし上げられた誰かに、容赦のない攻撃が浴びせられる時代になった。なぜそこまでするのか、どうしてそんなことまで言えるのか、面と向かって聞けば誰もが口を噤むだろう。しかしＳＮＳの中で悪意は加速する。時には手に負えない暴走を見せる。人間の本性のひとつなのだ。

芸能人の不倫、搾取されるアイドルグループ、若い女性の過労自殺、聞くに堪えないヘイトスピーチまで、すべての騒動が同じ「炎上」の名でタイムラインを流れ去る。祭りのごときバッシング。傷つけられる人の心を想像する力は、毎回「自己責任」の言葉に押し流されていく。

騒動の果てには自殺も起こりうる。ポリティカル・コレクトネス、ネットリテラシー。そういう言葉を日常的に見かけるようになったのは近年のことだ。渋谷のハロウィンで車を横転させた暴徒たちの動画がアップされ、即日逮捕に至ったのは2018年の出来事だった。監視社会のごときネットの目と、リアルな現場でのコミュニケーション。何に気を使い、どのように振る舞うのか。今後も問われるテーマなのだろう。

そういう時代に五味岳久はささやかな居場所を作った。奈良市小川町、「やすらぎの道」沿いの事務所兼中古レコード屋、スロート・レコーズである。

客商売は、実のところ嫌いではない。過去のバイトも、カフェやレンタルビデオ、漫画喫茶など、毎回のように接客業を選んでいた。バンドとして出ていく時は舐められないようそれなりの態度をとるが、毎日を過ごすレコード屋で誰かを警戒する必要はまったくない。

客はぽつぽつと増えた。懐かしい同級生や先輩、日々なんとなしに集まってくる地元のバンドマン、さらにはツアーで奈良に寄ったからと顔を出す全国の音楽仲間たち。「コーヒーでも飲みます?」と勧め、彼らと他愛もない話をする時間は、想像するより遙かに楽しかった。

バンドのための細かい作業は基本ひとりでやる。長年ツアー・コンダクターとして手伝ってくれた前田英克にも、この頃には離れてもらった。ライブハウスのスケジュールを押さえ、メンバーの予定を確認し、共演バンドに打診をする。さらにチケットの発券手配と告知フライヤーの用意。ひとつひとつは手間だが、自分でやろうと思えばできることだった。

好きな音楽をかけながら、もしくは知らなかった古いレコードを聴きながら、メールを処理し内容を確認していく。次のリリース準備もある。そうやってひとり過ごす時間も有意義なら、その合間にふらりと誰かが来て話をする時間も、とてもありがたく感じられるのだ。

次のリリース。スロート・レコーズが実店舗になり、バンドとしても何か発信を続けていきたい時期だ。平たくいえば次の収入源が欲しかった。2012年12月18日、渋谷クラブクアトロで行われた『ECHOES』のツアーファイナルを全編録音していた。当日の演奏には手応えがあったし、後で聴き返してもなかなか悪くない内容で、初のライブ盤としてリリースする話が固まっていく。音のミックスは新たに知り合った岩谷啓士郎に頼むことにした。最近奈良に引っ越してきたエンジニアだ。

KCこと岩谷啓士郎は、もともと熊本出身、東京でサウンドエンジニアとしてのキャリアをスタートさせた人物だ。録音エンジニア以外にライブPAもできるし、日暮愛葉率いるLOVES.のギタリストとしてデビューした経験も持っている。もともとは岩城智和とゲーム仲間としてのつながりがあった。東日本大震災の後、妻子のためにも地方移住しようと考え、気に入ったのが奈良の土地柄だ。ロストエイジのことはよく知っていて、『ECHOES』のレコーディング中にはネバーランドにも遊びに来てくれた。奈良に住んでからは、ロストエイジ専属PAとして可能な限りバンドに同行するようになっていた。

初のライブ盤『LOSTAGE AT SHIBUYA CLUB QUATTRO』は2013年4月3日にリリースされた。モノクロのライブ写真を使ったジャケットの中に詰め込まれた全27曲。3人編成になってからの曲がほとんどだ。アンコールだけが初期の曲で、ダブルアンコールの締めは「NEVERLAND」であった。震災をきっかけに生まれたこのポップソングは、期せずして、みんなで歌えるロストエイジの代表曲のひとつに育っているのだった。

時期を前後して2013年上半期の大きなトピックは、1月にCARDとの共演があったことだろうか。辞めていった清水雅也と中野博教のバンド。ロストエイジとの仲は当然よろしくない。どちらも牽制、敬遠し合っており、距離は縮まらないまま。一度だけ、ブラッドサースティ・ブッチャーズの吉村秀樹の強引な招集により東京で共演したが、その時は一言も話をしなかった。

フレイク・レコーズの和田貴博から連絡があった。1月初頭、時期的に空きの多い梅田アカソ（現ウメダトラッド）でイベントを開くことになった。ロストエイジと誰かで企画を組もうと思っている。なかなか広い会場なのでそれなりの話題性も必要だった。岳久は「だったらCARDかな。俺から誘うのアレなんで話つないでもらえます？」と口にする。普通のイベンター企画であれば決して乗り気にはならないが、吉村や和田くらい近い距離の人間が言うのであれば、やってもいい気がした。

清水雅也が初めてスロート・レコーズを訪れたのは数週間後の出来事だ。喧嘩別れのような脱退後、意地の張り合いがあり、不要なトラブルもあった。ちゃんと謝りたかった、次のライブはよろしくお願いしますと顔を見て言われ、ようやくわだかまりが解けていく。自分と同じくらい面倒臭い男だが、長い時間をメンバーとして過ごしてきたのだ。冷静に話せる場所、なんとなく寄ったからと顔を出せる場所、つまり、この店があって良かったと思う。

毎回会いたいわけでも、また一緒に何かを作りたいわけでもない。それでも元メンバーが今もバンド活動を続けているのは、まったく行方知れずになっているよりも嬉しいと素直に思う。元彼女のようなものだ。この共演後、清水や中野とは初めて楽しい時間を過ごすことができた。

4月29日、横浜F.A.Dでは再びブラッドサースティ・ブッチャーズと共演した。アコースティックで2人旅に出て以来、岳久はすっかり吉村に惚れ込んでいたから、楽屋ではたくさん話をした。今日聴きたい曲のリクエストも。岳久からは「サラバ世界君主」、そして拓人からは「JACK NICOLSON」。期待通り2曲はしっかりセットリストに組み込まれていた。ライブ内容も素晴らしく、思わずという感じでセットリストを記念にもらったのも初めてのことだった。なぜだったかは自分でもわからない。奈良に持ち帰ったその紙はスロート・レコーズに飾ることにした。

そこから1ヶ月も経っていない。吉村秀樹は唐突にこの世を去る。

2013年5月27日、急性心不全。享年46歳だった。

信じられない。この前会った時はいつも通りの吉村さんだった。秋になったらまた一緒に東北へ弾き語りに行こうと話していたのに。

正式な発表があったのは30日。その1週間後、6月6日には東京の下北沢でライブ予定が入っていた。何も手につかない混乱の中、突然スイッチが入る。新曲を作ろう。吉村秀樹に捧げる曲を。

前回の共演がまだ生々しく記憶にあったから、拓人と岩城も気持ちは同じだった。俺らがやらなあかん。やらんと気が済まん。透き通った使命感ではない。悲しみと混乱と怒りがまだぐちゃぐちゃだった。

拓人は吉村を意識したギターの音を完璧に作り上げ、3人の集中力で一気に曲を仕上げていく。2日くらいで完成したナンバーは「Good Luck」と名付けられた。4月、ライブ盤を送るので住所を教えて欲しいとメールしたところ、吉村から返ってきた文面の、最後に添えられていた一言だ。イントロも含めれば9分近く。ここまで長い曲を作ったことはなかったが、鳴らしても鳴らしても気持ちは足りない。まだまだ話し足りなかった。

6月末に札幌で行われた追悼ライブには岳久ひとりで参加した。本来は吉村の弾き語り予定が入っていた日で、参加者はそれぞれカバー曲を決めてアコースティックで歌を紡いだ。涙腺なら最初から緩み切っていた。人前だろうと抑え切れない。大切な1曲「NAGISA」の後に「サラバ世界君主」をカバー。そして生まれたての「Good Luck」も大声で歌った。届いているだろうか。笑ってくれるのか、それともむくれているだろうか。

ロストエイジ新作の構想はこの時点で決まっていなかった。相変わらずライブ・スケジュールは週末をメインに埋まり、共演者とは会えば必ず吉村の話になった。それだけ愛されていたし慕われていた男だ。また、笑い話から呆れ返る逸話まで、誰もが吉村についてはとっておきのエピソードを持っていた。それらを披露し、爆笑し、語り合うほどに寂しくなる。オルタナティヴやエモのバンドにとってはほとんど精神的な支柱になっていた男だった。

引き継ぐべきものがある気がした。自分が同じになれるとは思わないが。

奈良での生活は安定していく。岳久はバンド運営とスロート・レコーズ業務が仕事で、岩城は義父から任されたスタジオE♭を経営し、拓人も長年のバイトを辞めるべく飲食店のスタートに向けて動き出していた。『ECHOES』の発売日に入籍した拓人は、このアルバムの収録曲から店名を決めると嬉しそうに計画を語る。そんな話もスロート・レコーズでした。街の中に居場所があり、今はそれぞれに家庭がある。家族と暮らしながら週2回スタジオに入り、予定が入れば全国どこでもステージに立つ。

ルーティンといえばその通りだが不満はない。この生活を回しながらバンドを続け、奈良にロストエイジあり、と言われるならそれでいいかもしれない。若い頃にはなかった発想だが、子育てに追われ生活の重みが増えていくのは、バンドに関係なく豊かなことであった。

最初こそ手探りで始めた中古レコード屋は、次第に街の音楽好きの拠点になっていく。「いらんレコードない?」と聞けばなんとなく誰かが商品を持ち寄ってきたり、描いたイラストのギャラ代わりにレアなＣＤを譲り受けたり。ガツガツしない商売っ気のなさも店の風通しを良くさせた。誰かが毎日店を訪れる。コーヒー目当て、雑談目当てでも構わない。

知らない老人が「これ、いらんねんけど」と大量のレコードを持ち込んでくる日がある。中身を調べていけば値の張る名盤が隠れており、「どんな音楽お好きだったんですか？」と話が始まっていく。相手は岳久がバンドをやっていることを知らないし、知ったところでロストエイジのライブに来ることもないだろう。ただ、街の人と交流できるのはそれだけで心が和む。自宅にいては感じられないことだ。自分の作った場所がこの街に認められている。

中学生の２人連れがひょっこり訪ねてきた日もある。心はまだ少年のつもりでも、残念ながら外見はおじさんに近づいている。なるべく丁寧に話しかける。「どんなの探してます？」。聞けば、父親が渋谷系が好きだったそうで、今はサニーデイ・サービスを聴いている若者たちだ。似たようなギターの音が聴きたいと言われてみれば、張り切っていいものを勧めてあげたくなる。

バンドとバイトに明け暮れた時期にこういう心の動きはなかった。その発見は岳久の気分を良くさせた。俺はやっぱり人が好きなのだ。店を始めてますます好きになっていく。

中古レコードの商いが軌道に乗った実感はない。レーベルと店を作ったことで引き返せないところまで来た感覚はあった。もう普通の仕事はしない。不退転の決意。知り合いのカメラマンに吉祥寺の店を案内してもらい、岳久は初めてのタトゥーを入れる。

ブラッドサースティ・ブッチャーズの『yamane』のジャケット。直線と点で構成された、ヤマネをモチーフにしたデザイン。この作品がどうというより、吉村秀樹との思い出を刻んだ。彼の生き方やバンドへの向き合い方を自分の中に取り入れたかった。ベースを弾く時に必ず目に入るよう、左腕の内側に。ヤマネはねぇ、かわいいよ。あの笑顔が忘れられない。

ブラッドサースティ・ブッチャーズのトリビュート盤に参加しないかとの話も来る。選曲は自由だったので拓人が「JACK NICOLSON」を選んだ。改めて聴いても歌詞がたまらない。バンドを続けてきた自分たち、そして親になった今の自分に痛いほど刺さってくる。年末のレコーディングで、岳久は全力のシャウトをしていた。ロストエイジの作品ではほぼやったことがない。曲に対して、バンドに対して、渾身の愛を込めて叫んだ。

吉村秀樹の不在が次のモチベーションになっていく。だんだん新作の構想が見えてきた。死と生。志半ばで去っていく者。生き残った者が続けていくこと。そういうものをひとつの作品にまとめてみようと思う。あれもこれもと取り込むのではなく、ミニアルバムくらいの感覚で。

レコードに触れる機会がいっそう増えたこともあり、60分や70分の大作アルバムは気分的に疲れるようになっていた。約40分、レコードのサイズでいい。テーマが先だから、複雑な変拍子や過剰なノイズはまたしても入る余地がなかった。最初にできた「Good Luck」のゆったりしたメロディを引き継ぎ、歌もの、というコンセプトを3人で決めていく。

２０１４年2月、新曲が仕上がっていくタイミングで、今度は地元のバンド仲間が突然亡くなったと聞かされる。ロストエイジ結成以前から知っているギタリストで、店にはほぼ毎日のように来てくれた男だ。岳久は34歳。まだ人の死に慣れるには早すぎた。別れること。もう二度と会えないこと。死ぬことと生きること。作品のテーマはさらに明確になり、岳久は何度も言葉と向き合った。

『ECHOES』は聴き手に届くための言葉を初めて意識したアルバムだが、今は自分の人生観や死生観と向き合う時間が必要だった。言葉についていては過去最高に考えたかもしれない。最初に生まれた「Good Luck」は「Good Luck／美しき敗北者達」ともうひとつのタイトルが加えられ、同じように全曲に2つずつのタイトルをつけていった。ブラッドサースティ・ブッチャーズの名作『Kocorono』へのオマージュだ。この作品を知った時から、いつか同じことをやってやろうと密かに企んでいた。

「敗北者達」と複数形にしたのは、ひとりの死についてのレクイエムにはしたくなかったからだ。思えば信じられないほどたくさんいるのだ。自分にはどうしようもできない理由でバンドを辞めていった仲間たち。たいして売れもしないのに今も音楽を諦めていないあいつら。サラリーマンとして働きながら毎週末のライブに生きがいを見出している先輩たち。人としては面倒だがギターを持ってステージに立てば無敵だった、もういないあの人たち。自分たちロストエイジが辿ってきた道も含めて、ロックバンドの美しきストーリーを全部注ぎ込んでやろうと思った。

「志半ばで亡くなるのは、言ってしまえば敗北ですけど。でもそこにあったものは美しい。結果負けても美しいことはありえるし、ダメでもやってみる姿勢とか、そのために闘ってきた過程とか、全部ポジティヴなものとして自分の中に残したかった。それを追いかけていたいと今も思いますね」

レコーディングはもう馴染みとなった地元ネバーランド。楽器のベーシックをそこで録り、ギターのダビングや歌録りは大和郡山にあるスタジオで行った。エンジニアは岩谷啓士郎。いまや好みの音は完璧に把握してくれるパートナーだ。関わる人数は最小限。ロープスのアチコに1曲だけコーラスを入れてもらい、CDジャケットも岳久が自分のデジカメで撮影した。派手なものは何ひとつない、ただ自分たちの心を刻印したアルバムだ。タイトルは『Guitar』。それ以外になかった。

トリビュート・アルバムが2014年1月に発売され、4月にはユーリ・ガガーンとのスプリット作品もリリース。それらに続くよう『Guitar』は8月6日に発売された。インタビュー露出は極めて少なかったが、またしても、不思議なくらい売上は変わらないのだった。

バンド活動の基本は練習とライブ、曲作りとレコーディング、そして作品を携えてのツアーだ。そこに出会いがあり発見があり、時に衝撃の事件が起こる。感情が大きく揺れ動き、それを乗り越えて次の作品が生まれる。

そういう物語をここまで追ってきたのだとすれば、この四章で筆はぴたりと止まる。ロストエイジは初めての安定期に入った。不安要素がない代わりに驚くべき事件やドラマは生まれにくい。いいことではあった。

2015年、岳久には第二子が誕生している。男の子だった。同じ頃拓人も2人目の子供を授かった。プライベートが充実するぶん育児も忙しく、焦って何かを作る必要はなかった。作品にしたくなるような思いなら、特別濃いものを『Guitar』に託したばかりだ。後ろ向きな言い方をするなら、もうやることないかなぁ、という気分も少々あった。

岳久は毎日スロート・レコーズで作業をする。奈良で人気のカフェ「カナカナ」のオーナーが挨拶に来たことで縁が生まれ、カフェでのアコースティック演奏が決まったり、ファンを名乗る男の子が声をかけてくることで、今まで行ったことのないバーでの演奏をしたこともある。ネバーランドはもちろん愛すべきホームだが、ライブハウスにいるだけでは生まれなかった出会いが増えていく。実店舗の可能性を日々実感する。

その感覚がステージでの言葉を変えていく。もともと岳久はさほどMCが得意ではない。もっといえば、ロックバンドに喋る必要などない、必要最低限の告知だけをして、あとは音で黙らせればいいとさえ思っていた。

しかし店にいて、直接話すだけでも何かが変わる。少なくとも知らない誰かが「会ったことのある人」になり、そこから「常連さん」になる可能性もあるのだ。自然とMCが長くなった。個人個人に語りかけるようのんびり話す。自分が今思っていることを、上手くまとめようともしないまま、ゆっくり最後まで話していく。その場の空気は多少弛緩したかもしれないが、そうなれば終演後、物販での会話もさらに弾むのだった。

『ECHOES』以降の音が優しく開かれたように、ライブの空気はいよいよオープンになっていく。音楽シーンの動向、東京のバンドの話もほとんど気にならなくなった。今ここで目の前の人たちと向き合えばいい。

ネットは確かに便利だ。自分でも使うし、ブログやツイッターは大事な情報発信ツールである。スロート・レコーズではCDやTシャツをオンライン販売している。全国のファンがクリックひとつでそれを購入し、生まれる利益が今の生活を支えている。これがない時代にはもう戻れない。

そう感じながら、対面の豊かさに勝るものはないとも思う。関西圏でのライブ帰りに寄ってくれるロストエイジのファンがかなりいる。大阪や京都から約1時間、貴重な休日を使ってわざわざ8坪の中古レコード屋に来る人の気持ちを考える。俺が何をしているかは、ツイッターでも見ていればわかるのに。

なんとなく、この場所が嬉しいのは俺ひとりではないなと思う。用がなくてもふらりと行ける場所、顔を見に行くだけでも気分が良くなる場所を、実はみんな求めているのだろう。それはきっとアマゾンの買い物では味わえないもの。大型ショッピングモールとも違う。おそらくは、街の八百屋で無駄話をしながら日々買い物をするような行為に近いのではないか。

八百屋のイメージから野菜作りを連想した。スロート・レコーズが街の八百屋なら、自分たちロストエイジがやっているのは野菜作りだ。日々の暮らし、その中にあるバイオリズムがゆっくりと音楽になっていく。ある程度育てば収穫して出荷する。それが八百屋から街の人たちの手に渡り、誰かが美味しいと思ってくれるなら、そこには不確かなものが何もない。

理想的に思えた。何かのきっかけがあってというよりも、時間をかけてゆっくり固まってきた考えである。農家になりたかったわけでは絶対にない。でも、突き詰めて考えれば今の理想は限りなくそれに近い。違和感だらけだった音楽業界と、自分が望んだ場所は、まったく違うものだった。

もう何にも抗いたくないし、すべてを受け入れて音楽を表現していたい。そんな気持ちから無理に新曲は書かないでおいた。ひねり出すように作っても嘘になる。自分たちの生活から本当に出てきたもの、日々の中で信じられるものだけを音楽にしたかった。焦りは不思議なくらいないのである。

代わりに2015年からは、毎年10月に行ってきた自主企画イベント「生活」に力を入れた。イベント制作会社の前田英克の発案で2010年に始めた「生活」は、大阪の大型ライブハウスで年1回開催するのが恒例になっていた。敬愛する同世代バンドや先輩バンドを招集し、昼から始まる長丁場のステージを自分たちでも満喫する。そんなスタイルが定番化していたが、岳久は新しいアクションを起こしたくなっていた。

きっかけは、茨城県古河市にある音響会社で働いているライブPAの存在だった。初期の頃から関東圏のライブに通ってくれた熱心なファンで、そのうち会話を交わすようになり、音響会社に就職してからは現場でも顔を合わせる間柄になった。彼の住む古河は決して有名な街ではない。茨城といっても最西端、関東平野のほぼ中央に位置している。地元に小さなライブハウスが1軒のみ（2018年に営業終了）。人気アーティストの公演を観たければ、水戸まで出るか、大宮や東京まで遠征するのが当たり前となる。そんな土地から何かを発信する若者たちが出てくればいいと、友人は街の公共施設で高校生バンド選手権を行ったそうだ。嬉しそうに話してくれたのは、彼が関西での仕事ついでにスロート・レコーズを訪れた日だ。

「俺らも手伝う。今年の『生活』、その古河でやろう」

どんな施設なのかも知らないままに心は走り出していた。古河ってもしかして奈良の桜井みたいな場所ちゃうかという予感がある。ホームと呼ばれるもの、コミュニティと呼ばれるもの。自分が大切にしたい価値観は、実際の奈良の土地に囚われなくても成立するのではないか。

かくしてロストエイジ・プレゼンツ「生活」2015は、初の関東進出、茨城県のスペースU古河にて小型フェスのように開催される運びとなった。フジロックに出てしまえば他のフェス出演にあまり感動もない。小規模でいいから自分たちの理想を作り上げるほうが楽しそうだ。開催は2デイズになり、参加バンドも出店ブースも一気に増やした。

八百屋の営みを考えていてはイベント成功はイメージできないから、この「生活」の宣伝はネットを最大限利用した。開催の理由、そして出演バンドや出店協力について、ひとつひとつを丁寧にブログで解説し、SNSで拡散する。読みやすい文章を心がけ、出会いの記憶、自分が思うバンドの魅力をユーチューブ映像も貼りつけて紹介した。精一杯の愛と誠意、あとは自分の体温を込めたつもりだ。ちゃんと顔が見えるように、嘘のない言葉であるように。ビジネスの匂いが一つも入らないようにしたかった。

実際、派手な赤字が出たら困るが、どう転んだところで大儲けが見込めるフェスでもないのだ。出てもらうのは尊敬できる仲間だけ。出店者もごく近しい友達か出演者の仲間に限った。知らない誰かに穢されたくない。

ちなみに、五味拓人のパスタが初めて一般客に振る舞われたのもこの「生活」2015であった。飲食店の計画は水面下でゆっくり進んでいたし、メインメニューの味にどんな反応があるか試してみたい気分もあった。宣伝も兼ねた初出店である。店の手伝いは地元の仲間、アイニウ・テポのメンバーにお願いした。茨城県の中に気の置けない奈良コミュニティが生まれた2日間。仲間と作り上げた古河での「生活」2015は、もちろん、大成功に終わっている。

この年の「生活」が五味岳久の感覚を象徴しているのだろう。

スロート・レコーズで誰かと話す時は、思いつきや衝動、その場のノリを重視する。まだ正式に始まっていない弟の試みさえ面白がれる。

ただ、ネットで不特定多数に話しかける時には、自分の顔や体温がちゃんと伝わるかどうかを熟考する。独立以降心がけてきた考え方だ。個人のツイッターならば言いっぱなしの愚痴もありだが、ことバンドに関して誤解や言葉足らずは許されない。納得できないものは混ぜたくないし、それを伝えるための努力なら無駄でも何でも試してみる。呆れるほどの意地である。

「オンラインで話しかけても実際の対面と同じようにはできないですよね。これで終わってしまえば『会わないで終わった人』。もう実在してようが関係ないじゃないですか。でも、この後どっかで会う、どっかで話をする、いつか飲みに行ったり、あとはライブに来てもらったりするかもしれない。その『どっかで会える約束』ができるかどうか。そのためにオンラインがあればいいって、なんとなく思ってますね。ネットだけで終わらないこと」

2015年から3年間、スペースU古河では毎年「生活」が続くことになる。当初は先輩や同年代バンドを呼ぶことが多かったが、途中から増えていくのは年の離れた若手だった。苫小牧のノットウォンク、東京の突然少年、そして地元奈良のエイジ・ファクトリー。全員が90年代生まれ。岳久が中高生だった頃に誕生した世代だ。不思議な親近感があった。彼らの音楽には、かつて何度も聴いたパンクやエモ、オルタナティヴの匂いがあるのだった。

気がつけば時代が巡り巡っていた。ロストエイジがメジャーデビューした頃完全に下火になっていた90年代オルタナティヴは、２０１５年頃から若い世代によって再発掘され、新しい解釈を加えてライブハウスで鳴り響くようになっていた。グランジファッションや黒いバンドTシャツがストリートでも復活する。海外でも日本でも、まさに90年代かと見紛う音像のインディ・バンドが増えていたのだ。

世代が違うから感性は同じではない。ただ、ギターの音を好きになり、憧れのバンドのルーツを遡り、オルタナティヴ・ロックというワードに辿り着いた若者たちにとって、ロストエイジは確かに希望のひとつであった。音楽が売れない時代、流行りに関係なく自分たちのやりたいことをやり続け、地元に根を張りDIYで活動している孤高のバンド。

「下北沢でリバイバル・エモ系のイベントとか出ると、同世代のみんなロストエイジのTシャツ着てました。普通にレジェンドでしたよ。ロストエイジに認識してもらえる、ロストエイジと奈良でやれる、それくらいのバンドになるのが一人前のラインっていうか。そういう認識が当たり前でした」

こう語るのは清水エイスケ。エイジ・ファクトリーのギター・ボーカルだ。ロストエイジの音や思想を勝手にキャッチした遠方のバンドは別として、この地元バンドに関していえば、五味岳久のDNAを半ば強制的に受け継がせたかもしれない。

「高2の時に初めて音源聴いてライブも観に行ったんですよ。衝撃的に格好良かった。初めて身近にヒーローを見つけた気分でしたね。音楽的にも一番影響受けたし、ロストエイジに似てるって言われても全然嫌じゃない。魂の根本の部分が最初に着火したロックバンドやから」

２０１０年からバンドを始めた清水エイスケの目に、五味岳久の背中は追いかけるべきものとして映った。ここで暮らしながら全国にバンドの名を轟かせるＤＩＹスタイル。ロストエイジが東京の有名どころを奈良に呼び、ネバーランドで凄まじい熱演を見せてくれる。こうやって全国に打って出て、こうして地元に還元していくのか。もちろん年齢差もあり、憧れと同じくらい怖さもあった。２０１３年、作ったデモＣＤを渡すべくガチガチに緊張しながらスロート・レコーズを訪れた彼を、店主は優しく迎え入れている。

それまでも地元バンドの作品は半ば強制的に買い取って店舗に並べていたが、エイジ・ファクトリーは特に、岳久の興味を引くバンドだった。轟音オルタナティヴ・ロックの３人組というだけでも好ましかったし、いざライブを観に行けば演奏技術や気迫に圧倒される自分もいた。自然と音楽談義に花が咲く。

ブラック・フラッグ、ジーザス・リザード、あとは彼の声質から連想したスターマーケット。１９９４年生まれが知らないであろう音楽をたくさん教え、また当時の空気もできる限り説明していく。ようやく自分が何者かを知ってもらえたと感動したエイスケは、そこからすぐ店の常連になった。新曲ができたと聴かせに来たり、何もなくてもただ遊びに来たり。友達だとは互いに思っていない。しかし顔を見るのはお互いなんとなく嬉しい。

初のフルアルバムを作るから五味さんにプロデュースを頼めないか、とエイスケに言われたのは２０１６年のことだった。デモができるたびに新曲は聴かせてもらっていたし、ライブバンドとして彼らの魅力をもっと活かしたいと岳久は感じていた。音は信頼する岩谷啓士郎に任せ、すべて地元で賄うレコーディングが始まった。敬愛する先輩の期待に応えようとメンバー３人はできる限りの背伸びをし、若さのぶん飛躍的に伸びていく。『LOVE』と名付けられたファースト・アルバムにより、エイジ・ファクトリーはいよいよ全国に名前を知られる存在になっていくのだった。

気づけば36歳だ。刺激を受けるバンドがずいぶん年下であることが増えてきた。負けられないと思うと同時に、自分の中で錆びつつあった何かを若い連中が叩き潰してくれるような爽快感もある。オルタナティヴやエモという言葉が再びライブハウスに戻ってきた時代。尊敬する仲間は増えるばかりだ。

同年夏にはGEZANとのスプリット7インチに「My Favorite Blue」を収録し、共に全国をツアーした。そんな日々の中で新曲のヒントもゆっくりと育っていく。そろそろ次のアルバムに向けて動き出す時期だった。『Guitar』で気持ちを出し切ってから2年間ずっと、何のためにアルバムをパッケージで出すのか考えていた気がする。

かつて岳久を苦しめた違法ダウンロード問題は、この時期、表向きにはほとんどなくなっていた。ナップスターの登場から20年近くをかけて、ネットではサブスプリクション・サービスが整った。定額さえ払えば古今東西の音楽ライブラリがいつでも楽しめる時代である。相対的にCDの売上は下がり続けている。見限るようにサブスク解禁に踏み切る大物アーティストも多い。

極論をいえば、もはやCDの価値自体がゼロなのかもしれない。代わりにアナログレコードのブームが来たと世間ではいわれるが、中古レコード屋の現場でその実感はあまりない。答えもないまま考え続けた。アルバムというパッケージを人に買ってもらう意味は。だいたいの音楽をユーチューブで事前にチェックでき、定額で何だってサクサク聴けてしまう時代に、俺たちの作ったアルバムとお前の稼いだ2600円を交換してくれと言える根拠は。

そこまで考える必要があったかといえば、岳久の皮膚感覚として絶対にあるのだった。周りには相変わらず音楽だけでは食っていけないインディのバンドばかり。景気のいい話はどこにも落ちていない。CDバブルもパンクブームもまるで知らず、馬車馬のようにバイトとバンド練習を掛け持ちしている若手の現状は、自分たち世代の責任なのかと胸が痛む時がある。何も考えないままメジャーデビューを夢見ていた自分の無知に対して、メジャーに行けば音楽で食えると信じ切っていた前時代の価値観に対して、今なら何ができる。

大きいものに噛みつきたい気持ちは漠然とあるが、具体的な攻撃の対象があるわけでもない。考えるべきは己のことだ。改めてやれることを見直した。

やりたいことを選んだ。タイトルの『In Dreams』は決めていたし、どうせならジャケットにも長年の夢をぶち込んでみようと思う。イメージを的確にカメラマンに伝え、友達のツテを辿ってモデルを探した。見つかった女性は意外なほどノリ良く協力してくれた。新代田フィーバーの姉妹店、カフェＲＲの２階で無事に撮影完了。おっぱいジャケは大いなる夢のひとつであった。

その次に、やりたくなかったことを全部やめた。知人や媒体にサンプル盤を配り、流通業者に多額のパーセンテージを払い、宣伝文句を考えながらリリース・インフォメーションを作る。売るために必要とされ、自分でやるのが億劫で仕方がなかったところを切り捨てた。もう評価されなくても売れなくても別にいい。捨て鉢になった気分もなくはないが、とにかく、今までのやり方を漫然と続けていたくなかったのだ。

賭けである。閉じることがロストエイジ最大の攻めだった。

実はレコーディングには長い時間をかけていた。２０１６年初頭、共演したＬＡのヴェルヴェット・ティーンとスプリットを出そうと話が盛り上がり、４曲ほどをネバーランドで録音していた。しかし予定が噛み合わず話は途中からうやむやになっていく。焦っていたわけではないし曲も気に入っていたから、ここから他の新曲を足してアルバムにしようと話も決まっていった。１年ほどかけて増やした新曲たちは、奈良のモーグ・スタジオで録音し、最後に残った１曲だけを東京のスタジオで歌入れした。

時期も時間もバラバラだが不思議と内容はまとまっている。奈良での日々、何でもない生活の中の物語がそのまま音になった全10曲。レコーディングの後半に新作の売り方を正式に固めた。

流通の外部委託なし。

JASRACの著作権管理委託なし。

自分の店以外での小売店販売なし。

配信データなし。

宣伝広告なし。

発売前サンプル配布なし。

MVなし。

次のアルバムはロストエイジのライブ会場と、奈良にあるスロート・レコーズ実店舗、そのオンラインショップの3つだけで販売する。

そんなブログを書いてSNSで拡散したのは2017年5月7日のことだ。ほとんどのインディバンドにとって衝撃的な、また音楽業界関係者にとっては恐ろしく挑発的な文章だった。ブログにも書いた。『CONTEXT』以来ずっとMVを作ってくれていた映像作家のMINOR xUに、なぜなのかと文句を言われたこと。手書きのポップを置いてくれる熱心なレコードショップ店員、事前に取材して記事を作ってくれる編集者。それらと関わるプロセスをすべて省くのだから、不義理をしていると自分でも思う。ただ、考えてみれば彼らもいちリスナーのはずである。

要するに、心からオルタナティヴやギターロックが好きな音楽ファン、とりわけロストエイジが大好きな人にだけ届けば良かった。かき集めても小さな村社会かもしれない。ただ、5年間実店舗で過ごしてきた岳久の感覚からいえば、会えば話の弾む村人ばかりだ。ムラ＝窮屈というイメージは不思議とない。以下は2017年6月のインタビュー発言である。

「音楽の力は信じてるんで。この閉じた村の中でもね、ほんまにいいものであれば、その村人たちから拡がっていくんですよ。たぶん……いや絶対。だから僕のやり方は閉じてますけど、音楽は閉じないですよ。まだ拡がっていくと思う。そこは音楽に任せた」

自分の誠意を伝えることを考えながら、同じくらい村人たちの心を信じた。それ以外もうできることもなかった。

6月9日から販売が始まった『In Dreams』には、事前から予想以上の注文が入った。初動で1200枚。ネット入金を確認し、ひとりずつ伝票を書き、手書きの一文も添える。予想通りこれまでサンプルを配っていた友人のバンドマン、メディア関係者やライブハウス関係者、レコード会社の知り合いの名前も多かった。元トイズファクトリー町田雄平や元アボカド・レコーズ斉藤匡崇の名前を見つけて心がふっと解けていく。彼らはもう別の場所で働いているが、これからさらにいい関係性になれる気がした。

イメージしたのはドキュメント映画『アメリカン・ハードコア』で見た初期ディスコード・

レコードのやり方だ。7インチのジャケットを分解し、大量に用意したその型紙を自らの手で折りながら、手製のレコードジャケットを作る。印刷屋に発注すると高いからだ。そして完成したものは自ら販売する。「この方法で1万枚。楽勝さ」と笑っていたイアン・マッケイ。俺もやりたい、やれると思う。ハイ・スタンダードを知った時と同じキラキラした衝動が、まだ自分の中に残っていた。そこに気づけたのもありがたい。

いざ書き始めてみれば指が千切れるかと思うくらい過酷な作業だったが、反比例するように心は軽やかだ。岳久の意識は個人にのみ向かっていく。こちらも2017年のインタビュー発言である。

「変えたいもんはあるんです。漠然とした世の中とかチャートじゃなくて、個人の価値観、音楽への考え方、表現に対する思いとか。そういうところにアクセスしたいし、そういうものを変えたいとは思う」

事実、感化されて動いた個々人がいる。8ottoのTORAはMVが絶対に必要だと言い張り、スロート・レコーズの一日を淡々と映したアンオフィシャルのMVを作って勝手にユーチューブに上げてくれた。GEZANのマヒトは話を聞きたいと連絡をくれ、自分たちのサイトでインタビュー記事を作ってくれた。突然少年は力になれるかわからないが拡散させてくださいと、収録曲「窓」のカバーをライブで毎回披露するようになる。岳久が音楽に求めていたもの、音楽を介して本当に欲しかったものが、ひとつひとつ返ってくるようだった。

また、発売直後は「どうせこの音源もネットに出るんですよ。ユーチューブとかで」と苦笑する岳久がいたが、結果的にそれは起こらなかった。

ちゃんと音楽に対価を払ってくれる人たちと、この時代どうやって付き合っていくか。岳久が真剣に考え抜いたことは、対価を払ってまでCDが欲しい音楽ファンもなんとなく考えていたことだ。新譜を聴く喜びを取り戻せた。ありがとう。そんな声があちこちから聞こえてくる。無料化するほど本気で音楽に感動できなくなる、その空虚さをみんなどこかで感じていたのだ。

『In Dreams』を会場で直接買いたいと考えるファンも多く、ライブをするたびに数百枚が捌けていく。発売から1ヶ月で1500枚、その後7月から全国ツアーが始まるとCDは全国各地で売れ続けた。

事前にネット視聴できる曲はTORAの作ったMV以外まったくない。自分たちでリード曲を決めてMVを作らなかったのは、曲順も含めてアルバム全体を味わって欲しかったからでもある。ツアーで『In Dreams』は曲順通りに再現された。長すぎない46分の全曲再現ライブと、過去作品から選んだ後半のセットリスト。2部構成のような形が可能だったのは、このツアーのほとんどがワンマン公演だったからだ。ロストエイジが好きな人だけでいい。村社会でいい。捨て鉢の気分があったはずなのに、蓋を開けてみればほとんどの会場が満員御礼なのだった。

攻めている、無茶だ、ヤケクソなのかと散々言われたリリース方法だが、結果的にアルバムは5000枚売れた。目標としていた枚数はその半分だ。最初のミニアルバムからずっと平行線、何をやっても驚くほど変わらなかったセールスが、これだけ閉じた販売方法でもほとんど変わらなかった。そして制作費を除いた全額がバンドの収益になる。いよいよ、スロート・レコーズが大きなやりがいと実利のある仕事につながった。

「遠回りになったけどようやく辿り着いたというか。八百屋とか農家の野菜、その感覚で間違ってないなって初めて確信しましたね。やってみないとわかんないことだったんで。このやり方で間違ってないと思ったかな、自分的に。もちろん世の中的にはこれでいいかわかんないですけど」

結成16年、自主独立から6年。ロストエイジを休まず続けてきたから出せた結果であった。無名の新人が真似ても同じようにはいかないし、岳久もまた、みんなこのやり方でやればいいとは決して思わない。次の作品を同じ手法で出したところで話題性はもう生まれないだろう。傍から見れば大成功だったが、手放しで喜ぶ気持ちにはまったくなれなかった。

いや、いつだって物事を疑い、なんでもホイホイと受け入れてこなかったからロストエイジの今がある。違和感や疑問、猜疑心と葛藤がいつだって五味岳久を思考させる。それがロストエイジの道を作ってきたのだ。

望まなかった話題もあれば、意図して狙った話題作りもある。ただ、商法や戦略という言葉は使いたくない。しいて言うなら、これは。

「サバイバル能力じゃないですか？　狼煙を上げて気づいてもらう。それってミュージシャンの仕事じゃないけどね。いい音楽ができればいいのが本物のミュージシャンで、どっちかって言うと僕、『ここにいます』ってどんだけデカい声出せるか、それをやってるんだと思います。言わんかったら無視されるし、遭難して気づいてもらえなかったら死ぬ。そこはほんま嗅覚、本能的にやってる」

２０１７年８月、『In Dreams』ツアーの狭間に東京でのライブがあった。エイジ・ファクトリーが新作の発売記念公演で共演を打診してきたのだ。負けん気の強い地元の若手は、五味岳久プロデュースでアルバムを作った後、急速に知名度と動員力を上げているところだ。少し生意気だが、しかし岳久としてもエイジ・ファクトリーには売れて欲しいと思っている。

先発でロストエイジ。岳久が「エイジ・ファクトリーが奈良から来たとか言うてるけど、俺らのほうが奈良やから」と言えば、拓人も「だいぶ前からずっと奈良やな」と笑って返す。その後のエイジ・ファクトリーも負けじと「いや、俺らが奈良。俺らこそ奈良やから！」と胸を張るのだ。東京の観客に伝わるのかよくわからない奈良アピールは、しかし、とても意義のあるチャームポイントのように見えた。

東京のこの場所が憧れだった、やれて嬉しいです、などと絶対に言わない地方のバンド。むしろどれだけ地方色が強いかを競い合う地産のプライド。音楽の聴き方や売り方、音楽家の発信方法が大きく変わるにつれて、上京してメジャーを目指すという旧来の価値観は廃れていった。オルタナティヴ・ロックはことさらその傾向が強い。そして、このシーンの中でも代表的な成功例として誰もが頭に浮かべるのが奈良在住のロストエイジなのだ。

エイジ・ファクトリーのエイスケが語る。

「俺らの世代にとって最後のバンドヒーローやと思う。マジで格好いいことだけやり続けてちゃんと成功できた、ラスト・バンドヒーローですよ」

週末をメインに続いた『In Dreams』ツアーは2018年1月に終わったが、その後の集大成、追加公演として用意したのは渋谷O-EASTでのワンマン公演「A BOY IN DREAMS」だった。バンド史上最大となる1300人キャパ。渋谷クラブクアトロの700人なら埋まる。ただしそれ以上は難しい。そんな動員を長らくキープしてきたロストエイジにとっては大きな挑戦だった。

『In Dreams』からは考え方と選び方をがらりと変えた。大きく拡めることを切り捨て、個人個人の音楽愛を信じることで、小さな村社会に嘘がないことをひとつひとつ確認していった。片っ端から知り合いに声をかければゲストで頭数を揃えることはできたが、3500円のチケットに相応しい対価として、自分たちの生演奏を提供したかった。こうなればすべてに意地を通す。あらゆる筋を通す。今さらぬるいことはできない。自分で追い込んだ自分の道だ。次は自分たちの居場所を渋谷に作る。長いブログを書いて拡散した。

2018年5月20日、渋谷O-EAST。フロアは満員だった。完売したわけではないが、全国から900人が集まりチケットを握りしめて会場に詰めかけた。特別に母も招待した。兄弟が自立してからは故郷の熱海に戻っていた、2人にとっては誰よりも大切な人。「俺を産んでくれてありがとう」と岳久が言い、「俺たちを産んでくれて本当にありがとう」と拓人が続ける。フロアからは万雷の拍手。五味兄弟を産んでくれてありがとう、とでも言うように。

ツアーと同じく『In Dreams』を曲順通り演奏した後、11曲目には「ひとり」。激しく音をぶつけ合うメンバーの後ろでは、バンドロゴを印刷した巨大なバックドロップがゆっくりと上っていった。この日のために用意した、過去最大の幕である。この曲の演奏中には初めて写真や動画の撮影を解禁した。インスタ映えでも何でもいい。ここにおる奴らが俺らを信じてくれた。ここにおる奴らから音楽は拡がり続ける。醒めない夢の中で演奏を続けた。

少し照れたように「よければ、ご唱和ください」と語りかけ、3人になってからはあまり披露されなかった「SURRENDER」も歌った。2度目のアンコールでは数年間の寂しさをぶつけるようにブラッドサースティ・ブッチャーズの「JACK NICOLSON」をカバーし、そのまま「Good Luck／美しき敗北者達」を放った。凄まじい轟音が渦を巻く。天国の吉村に絶対に届いた、と思う。以前とは違い、お前らやったなと笑ってくれそうな気がした。

全28曲、トータル3時間半。普通のワンマンとしては長すぎるが、ロストエイジの集大成としては過不足なしだった。それだけ密度の濃いものをバンドが求め、そういうものを観客全員が欲していた。

歴史も矜持もあるロックバンドとして完璧なワンマンライブであった。

LOSTAGE

第 五 章

これから

距離の近い神様

最後は歴史の話である。五味兄弟が生まれ育った奈良県桜井市は「木の町」であり、地方のどこにでもある田舎町だと第一章に書いた。

それだけで済ませるのか、と呆れた人はどれくらいいるのだろうか。

倭は国のまほろば　たたなづく青垣　山籠れる　倭しうるわし

「古事記」と「日本書紀」「万葉集」にも残る有名な歌である。「倭は国のなかで最も素晴らしい場所。青垣に囲まれた、山に籠る麗しいところ」との意味だ。詠み人とされるのは倭建命。ヤマトタケルノミコトと書いたほうがピンと来るかもしれない。日本古代史に残る伝説の人である。

なお「倭」は「やまと」と読み、「大和」とも書く。やまと魂、やまとなでしことという言い方があるように、それは日本を意味する言葉として今も使われる。始まりは3世紀頃といわれるヤマト王権。権力が集まり日本初の中央集権国家として律令体制の敷かれた土地が、実は、現在の桜井周辺だった。

ヤマトタケルノミコトの名が刻まれた万葉歌碑は桜井市三輪の大神(おおみわ)神社にある。地元民から「みわさん」の名で呼ばれる日本最古の神社のひとつ、瓦屋根すら生まれていない時代の建造物だ。そこから少し北上した場所にあるのが纒向(まきむく)遺跡。集落や水路の跡があり、おびただしい数の土器などが発掘されている。周囲からは大量の古墳が見つかった。有名な前方後円墳の形もこの場所から生まれたと研究者の間でいわれている。

さらに伝説を辿っていこう。桜井市の箸中には一部が水濠に面した小山のような前方後円墳がある。国指定史跡だ。「日本書紀」には、昼は人が作り夜は神が作ったという不思議な表記が残る。古墳とはつまり墓であるが、これは一説によると邪馬台国の卑弥呼の墓だといわれている。

ヤマトタケルやヒミコではあまり実感が湧かない。ただ、年代がはっきりしてくる7世紀に入っても、奈良は変わらず中央集権の都であり続けた。

国家といえども当時の大和で皇室支配は完璧ではなかった。手工業の技術を伝えるのは大陸からやってくる渡来人で、当然、富や力もそこに集まる。彼らを守る豪族の蘇我氏は、実際のところ皇室と同等かそれ以上の権力を持っていた。この一族をまず滅ぼすために始まったのが、中大兄皇子（のちの天智天皇）による大化の改新。６４５年の出来事だ。

計画に先立ち、中大兄皇子と中臣鎌足（のちの藤原鎌足）が密議を交わした場所が、桜井の多武峰(とうのみね)、談山神社である。殺された蘇我馬子の墓とされる石舞台古墳もそう遠くない明日香村にある。狐が女性に化けて石の上で舞ってみせた話が今も残っている。史実と伝説がごちゃごちゃだ。

国家支配者としての天皇家が安定するのは大化の改新よりさらに先で、天智の弟である天武天皇の頃に建設が始まったのが藤原京だった。その天武が没したのち、妻である持統天皇が694年に遷都を実行。ようやくホッとした心境を詠んだといわれるのが百人一首にあるこの句である。

春すぎて　夏来にけらし　白妙の　衣ほすてふ　天の香久山

その香久山も桜井市の隣にある。現存する平安以前の景色。特別保護区になったり観光地らしく装飾されるでもなく、神と天皇が一体化していた時代の伝説が、百人一首の風景が、ここでは住宅地の中に転がっている。

地震があまりなく、戦火を免れたことも大きい。歴史ある神社仏閣から古材が出てくることも珍しくなく、あまりに豊富すぎて室町時代以降は「若い」と評される。そして卑弥呼が眠っているかもしれない墓の近くにトヨタカローラがありローソンがある。目眩がする。しかしこれが奈良であるらしい。

歴史の編纂が始まるのは天皇家の実権支配が確立されてからなので、それ以前の史実は曖昧だ。作者不明の古物、誰の墓かわからない小ぶりの古墳。そういうものが日常にありすぎて普段は意識もしない。なんとなくここが始まりだと思っているが、奈良県民は特にそれを主張しない。卑弥呼や蘇我馬子の話など、むしろ他県から訪れる歴史マニアのほうが詳しかったりする。

桜井市のホームページも驚くほど慎ましい。マスコットキャラクターとして「ひみこちゃん」はいるが、これを知る者はほとんどいないのではないかと心配になるくらいアピールが弱い。設定された性格は「マイペース・めんどくさがり」。観光マスコットとしてどうなのかと思ってしまう。

鹿と大仏が有名な奈良は、もちろん立派な観光地である。ただ、京都の観光ブランディング能力、歴史ある国宝や寺院だけでなく、小売店や飲食店、宿泊施設や交通機関までが一体になって「古都」文化を推していくエネルギーに比べてみれば、奈良のそれはほとんどゼロにも近いかもしれない。

何もないと関西隣県の者が言い、同じことを地元民も言う。

紀元前から始まったであろう最初の古都を、誰も饒舌には語らない。

ロストエイジが外に拡げるアピールをまず切り捨てていったことは、本人たちはまったく意図していないが、非常に奈良的な思想だったかもしれない。青垣、すなわち山に囲まれた平たい盆地と、遮るもののない広い空。そこで暮らす日常は渋谷O-EASTのワンマンライブ後も続いていく。

五味岳久の日々はそれなりに忙しい。スロート・レコーズに出てバンドの雑務をこなし、オーダーの入った品を発送し、時にはイラストの仕事も受け、同時に中古レコード店長として接客する。そして3人でスタジオに入る。

弟の五味拓人が伊酒屋「Kore Kara」をオープンさせた2017年9月以来、週2で続けていた夜の練習を、朝11時からに切り替えた。生活のペースが変われば バンドのやり方を変えるのは当然である。

朝の練習になってから爆音が少々きつくなった。寝起きで浴びたい音ではない。耳栓をして無理に激しい音を鳴らすよりは、もう少し穏やかでもいいかもしれない。20代のエイジ・ファクトリーが出てきて、奈良に同じ轟音ロックバンドは2つもいらないと思うところもあった。生活に密接した嘘のない音であればいい。ゆっくり考えて次の一手を探すつもりだった。

他人の音楽を聴く時間はもちろん、映画や本を嗜む時間も多い。次の作品の売り方についてはとめどなく思考を巡らせた。サブスクリプション・サービス、フリーダウンロード、CD、レコード、カセットテープまで、あらゆる音楽メディアが揃った時代。世代ゆえにCDにこだわる感覚もすでに消えていた。岳久自身、今はレコードのほうが好きかもしれないし、CD限定での販売に固執するつもりはない。その時その時で一番いいやり方を探すだけだ。

排他的コミュニティはいずれ腐臭を放つ。同じパターンの繰り返しは感覚を麻痺させる。『In Dreams』で作ったのは確かに内輪の村社会である。自覚があるから考える。では、手の届く範囲でその内輪ノリを日々育て、村のエネルギーが途切れないようにするためには何が必要なのだろう。

面倒な時代になったとは思う。売るのはCDで価格は3000円。一律に決めた人がいたのもわかる気がする。自分で扱ってみて知ったことだが、CDディスクとプラケースの原価はほんの100円程度である。これを30倍の値段で売り捌きCDバブルの時代を作った人たちがいる。ハリボテのデータが売れる時代はもう終わった。憧れるだけ憧れて、ゆっくりと殺されかけた世代だからこそ、次の価値観が欲しかった。

新しい夢を見たい。見せていきたい。ロストエイジを信じてくれる人たちのために。

新曲もぽつぽつと作った。秋には姫路のbachoとのスプリットのために3曲をレコーディングした。「Foolish」と「こぼれ落ちたもの」は作品にして来年リリースするが、それ以外、「瞬きをする間に」も録音してユーチューブに上げた。久しぶりのMVは映像作家のMINORxUに頼む。前回の不義理を詫びる気持ちもあったし、ロストエイジは今後一切MVを作らない、あらゆるプロモーション活動なしのバンドだと思われるのも癪だった。もっと柔軟に、臨機応変に。終わらないためにも流動的でいたい。

ネット公開の新曲MVは一瞬で再生回数に火が点き、あっという間に鎮火した。曲には自信がある。映像も含めていいものが生まれたと思う。ただ、大事にされた、ちゃんと届いたという実感がまったくないことに驚いた。今なお『In Dreams』は売れ続けている。一日1枚や2枚でもいいが、オーダーに添えられた一言を確認するだけでも、これから大切に聴かれるのだろうと微笑みたくなる何かがある。初日の再生回数、初週のセールス枚数。そんな短距離走みたいな世界にいたくない。それだったら、と岳久は思う。ほとんど確信である。大事にされる5000枚を10年かけて売るほうが俺は幸せだ。

2019年3月25日から31日、昔から世話になった十三ファンダンゴでは狂ったような企画が始まっていた。夏に移転することが決まったファンダンゴ側から、7日間を好きに使っていいと言われた。連日ライブはたまにあるが、さすがに7日ぶっ続けは初である。アスパラガス、toe、キング・ブラザーズなど昔から共に走ってきたバンド、ザゼン・ボーイズ、少年ナイフなど胸を借りる先輩バンド。連日の共演相手を決め、最後の日はロストエイジのワンマンとした。

お世辞にも綺麗とは言えないファンダンゴの空間。至近距離で音と気持ちをぶつけ合い、汗まみれになって爆音の恍惚に浸る。何も残らないくらい体力と精神力を使い切り、楽屋で死んだように放心する。ライブハウスでしか生まれ得ない興奮に7日間痺れ続けた。今一番バンドがええ状態や。誇張もなく岳久はそう思う。最後のワンマンで気持ちが爆発した。

拓人を見て思う。お前のギター最高。岩城を見てつくづく感じ入る。こいつ世界一のドラマー。最後に岳久は叫んでいた。我を忘れていないと口に出せない発言かもしれない。それでも偽らざる本音だった。

「こんな格好いいバンド他におる？　おらんやろ？　ロストエイジ大好きやわ！」

完全にやり切った。そして、次の構想が決まっていた。

轟音のオルタナティヴ・ロック。それは確かにロストエイジのブランドであったが、さすがにしばらくはいいと思った。ファンダンゴ最終日の打ち上げで岳久が語ったのは、次は他のベーシストを入れてみたい、という話だった。

２０１０年以来続けてきた３人体制に、誇りも思い入れも当然ある。ただ、自分の弾くベースのアイディアを他人に任せてみたらどうなるか、以前から興味はあったのだ。ひとりアコースティック・ライブを続けるうちに、この感触をバンドに活かせないかという発想も芽生えていた。次のロストエイジは４人体制でいく。それが何をもたらすのかはまだわからない。

たとえて言うならプロデューサーを入れる感覚だ。違う視点があり、新しい風が入り、メンバーだけでは生まれない何かが出てくればいい。ただ、実際に有名プロデューサーに打診するのは違う気がした。浮かんだのはアイニウ・テポの堀一也。10代の頃からネバーランドで遊んできたベーシストで、スロート・レコーズとして彼らの作品リリースも手伝ってきた、過去のロストエイジ作品にも何度かゲスト参加してくれた友達だ。今は仕事の関係で長崎に住んでいるが、自身のバンド活動のため奈良には月2回くらいのペースで帰ってくる。拓人の店で打診した。もちろん快い返事で話は決まった。

ベースを堀に任せるのでスタジオへはアコースティック・ギターを持参する。やり方を変えるにあたって拓人と岩城も使う機材をすべて買い替えた。再び戻ってくる新鮮な空気。岳久の歌とアコギ、拓人のエレキギター、そして岩城のドラムのみ。低音がどこにもないスカスカのデモ音源がいくつもできた。これでいいのかと一瞬思うが、信頼できる長年の友人が何とかしてくれる。

20曲のデモをデータで堀に送り、そこから10曲ほどを選んでもらう。選択自体が他人の客観的なジャッジである。ロストエイジ3人なら違うものを選んだであろう曲もあった。第三者の眼はやはりワクワクする。

5月末からはライブ予定を一切入れず曲作りに専念した。夏が終わる頃にはジャケットのイメージも浮かんでくる。ミュージシャンのオオルタイチから紹介された仏師、浅村朋伸に話を振ることにした。

浅村は、滋賀にて仏像彫刻や修復技術を学び、九州や大阪で修業を経たのちに2011年から奈良で独立した仏像の彫刻師だ。子供の頃に大仏を見てガンダムのような興奮を覚え、そのまま我が道を決めたという。そんな人物と出会えたのもスロート・レコーズがあったからだ。2人で桜井の材木屋に向かい、木目を見ながらひとつのクスノキを選ぶ。後日完成したのは惚れ惚れするような髑髏である。紙やすりさえ使わない職人の技術に圧倒された。

ベーシックを奈良コミュニティで固めた。なんとなく、自分がどこから来て今どこにいるかを匂わせるものにしたかった。街の暮らし、知り合いが集まる中古レコード屋、成長する子供たちや妻との日々、わざわざ店を訪れてくれるファンとの関係性。確かなものだけを直筆の手紙のように曲にしていく。嘘も誇張もいらないし、派手な宣伝の必要も感じない。

全体像が見えてくれば、次は上モノを入れたくなる。最初にアコースティック・ギターを持った時はもっと渋い作風になるかと思っていたが、華やかなポップス調の曲、たとえばロマンティックな鍵盤が似合いそうな歌ものも増えてきた。キーボードは西宮にいる元サワギの水上弘一に依頼する。コーラスはやはりロープスのアチコ。すべて奈良完結とはいかないが、手の届く範囲、勝手知ったる仲間のムードであった。

原曲はほとんど岳久が作るが、珍しく拓人が持ってきた1曲もある。彼がそこまで曲作りに気合いを入れることも珍しく、斜に構えた言葉や取り澄ました散文詩を乗せるのは違う気がした。今の自分たちを、これからのロストエイジを真正面から書こう。スロート・レコーズのある「やすらぎの道」も歌詞に入れた。なにもない日々。ひろがる青い空。いなたい歌になった。間違いようのない奈良の歌だ。そして全国のファンとの約束の歌でもあった。

曲のタイトルは「HARVEST」と決まり、その言葉はアルバムタイトルにもなった。8〜10曲くらい、40分程度のコンパクトなアルバム。イメージとしては『Guitar』『In Dreams』に続く3部作だ。『HARVEST』、すなわち収穫。最後はポジティヴなもので締めようと思った。

レコーディングは2019年の12月から2020年の2月にかけて行われた。リリース方法は前回と同じで行く。スロート・レコーズ実店舗とオンライン販売、さらにはライブ会場での手売り。まずはCDで出し、時間差でレコードを作る。発売日は5月4日とし、そこから初の全国47都道府県ツアーが始まる予定だった。なにもない日々が続くのであれば。

新型コロナウイルスが迫っていた。2月、そして3月に入って世相は激変していく。隔離される中国武漢の映像。動けない豪華客船。それでもオリンピックは開催すると豪語する政治家の言葉も、1週間、2週間でどんどん重いものとなっていく。世界中で始まるロックダウン。4月7日には日本でも緊急事態宣言が発出された。まさにその前日、岩谷啓士郎の手によって『HARVEST』のマスタリングは完了したのだった。

最悪のタイミングだ。直接会いに行くどころか店を開けることもままならない。メンバーと確認して判断を下す。とりあえず新作はバンドキャンプでデータ販売する。八百屋式の手売りがどうと言っている場合ではない。いつまで続くかわからない、今後どう悪化するかも予測できない新種のウイルス。人の消えたライブハウスを思うと胸が詰まる。ロストエイジを求める人がいて、この状況で音楽が少しでも役に立つのなら、今すぐ、どんな形でも届けたかった。

バンドキャンプでの販売数は2000枚弱。やはり配信では届きにくいといった落胆はなかった。数の話ではない。信頼関係が違う。

『In Dreams』以降の3年間で揺るがなくなったのはその部分だ。実際、パッケージさえない音楽そのものに対して、反響が多数返ってきた。元気になった。涙が出た。励まされた。嬉しかった。続々と届く声に岳久自身の心が落ち着いていく。本当に音楽を届けられた気がした。世の中に不安と苛立ちが立ち込め、SNSでは自粛警察だの誹謗中傷だの剥き出しの悪意が吹き荒れていた時期だ。そのために作った曲ではない。しかし『HARVEST』の音は、憂鬱なコロナ禍にあって、聴き手を優しく抱きしめるように響いた。

リリースから1ヶ月ほどしたある日、岳久はツイッターに無人野菜販売所の写真を上げている。音楽を金に変換したいのではない。信頼ありきで生まれる関係性をずっと求めていた。そんな心のありようが伝わってくる1枚だ。

「定額で聴けるって、音楽が野ざらしになってる状態ですよね。雑に扱われもするし、違法のアプリ使って聴く人もいて。その状態って田舎の道沿いにある野菜と同じやと思うんです。盗ろうと思えば盗れる。それでもなんであいう売り方するかって、信頼関係ですよね。あれは農家の人が全国に向けて発信してるんじゃなくて、その街の、そこに暮らしてる人に向けてるもので。あの距離感とか信頼関係はあるべき姿やと思う。僕がこうありたいんでしょうね」

4月から6月、店を閉め、学校や幼稚園のなくなった子供たちと家で過ごした。意外とダメージはない。もちろん楽しみだったライブが飛ぶのも、ニュースでライブハウスが槍玉に挙げられているのも、まったく面白くはない。ただ、今までずっと途切れることのなかった次のライブ予定、それに向けた練習さえもなくなってみれば、19年間続けたロストエイジをこれだけ休むのは初めてだと妙に新鮮なのだった。たまには休憩もいいかもしれない。

エンジニアの岩谷啓士郎から、せっかくだからオンラインで新曲を作ったらどうか、この時期にリモート制作もいいのではないかと提案があった。拓人と岩城に話を振ればあっさり断られる。３人でスタジオＥ♭に入れないなら、あの狭い空間で爆音をぶつけ合えないのなら、ロストエイジで今すぐ何かやる必要は感じない。岳久も同じ気持ちだった。こうなったらウィルス相手に焦れても仕方がない。のんびりと構えることにした。

暇ついでだ。庭にピザ窯を作った。もともと手焼きのピザが大好きだったので窯まで作ってしまえと思い立つ。物販アイテム、フライヤー、音楽。好きなものは自分の手で作りたい。奈良は職人の街である。焼けたピザは岩城の家族にも振る舞った。隣同士である。

もともと岩城が住んでいた家の隣が空き、物件を探していた岳久が2年前に買うことになった。住み良いエリアだと知っていたし、誰かわからない隣人よりも知っている奴のほうが気が楽だ。スタジオＥ♭のある街。徒歩圏内にはネバーランドがあり、また拓人の家もそう遠くない。

驚くほど距離が近い。メンバー３人の子供たちはみな同じ小学校だ。拓人の娘が1年、岳久の娘が2年の時は、当時6年生だった岩城の息子が登校に付き添ってくれた。その年、２０１

9年の秋にはGEZAN主催の全感覚祭オファーを断り、メンバー全員と妻たちで小学校の運動会の応援に行った。ほとんど親戚の空気である。岳久と拓人の子供たちは実際にいとこだが、岩城家の子供も同じような距離感で、生まれた頃からずっと互いの家を行き来している。

密接すぎないかとよく言われる。確かにそうかもしれない。同じバンドだからといって隣人になる必要はもちろんないのだ。親戚付き合いが面倒だとか、余計な噂まで筒抜けになる人間関係をうるさく思うことは、確かに岳久にもあった。10代の頃だ。ただ、大人になり家庭を持ってみれば、家族はなるべく大きなもので守ってあげたいと思う。特に自分たちはバンドだ。ツアー中にたとえば事故に巻き込まれた時、残された家族がすぐに連帯を取れたほうが安心する。

そんな距離感を疎んじていないのは妻たちも同じである。岩城と拓人は中学時代の同級生と結婚し、岳久も17歳の頃に付き合っていた同級生と結ばれた。ずっと交際が続いたわけではないのだが、それぞれ、楽器とバンドに夢中になった学生時代をよく知っている。当時から変わらぬ音楽人生を理解し、一番大事にしている価値観を重んじてくれる女性たち。ロストエイジのスケジュールがどれだけ忙しくなっても文句を言う者はいない。むしろ男たちがツアーに出た時は、妻と子供たちが誰かの家に集まり騒いでいることが多い。そこでは音楽の話もそっちのけで、次の車は何に買い換えるか、絶対軽のほうが安い、そういえば今日あの街で同級生に会った、といった話が出てくるのだ。

地方都市らしい感覚かもしれない。社交場は限られる。バンド界隈ならネバーランドかスタジオE♭。趣味嗜好や世代を超えた人々が集まり、あいつは彼女と別れた、誰と誰が派手に喧嘩したらしいと、好き勝手に情報を持ち寄ってくるのが日常である。人の距離は近く、それぞれ昔から相手を知り、その相手も昔の自分を知っている。格好をつけてもすぐにボロが出る。ある種の閉鎖性はあっても、そこにいる者たちは居心地がいいから集まってくる。

ネバーランドのスタッフやエイジ・ファクトリーの清水エイスケいわく、今のロストエイジは「奈良の星」で「シンボル」、そして「鹿、大仏と並ぶ」存在だ。県外のバンドからは奈良を背負うカリスマのようにも見えるのだろう。そういうことを言われるたびに岳久は少なからずギャップを感じる。自分たちの暮らしは驚くほど小さなエリアで完結しているのに。

絶対視する者がいて、同時に知らない人はまったく知らないバンド、ロストエイジ。外部アピールがないという意味では桜井市の前方後円墳と同じだ。この比喩があまり美しくないのなら、ネバーランド副店長、向井真吾の言う「距離の近い神様」が一番的確かもしれない。

山岳信仰から始まり宗教都市として発展した奈良には、街のそこかしこに古い神社が点在している。派手な色彩は乏しく、京都や日光の対極を行く渋い佇まいの建築物ばかり。日本最古の神社は参拝料も不要で、侘び寂びや奥ゆかしさを意識して、といった作為さえ感じさせない。距離の近い神様はふんぞり返らず、自分たちを華美に見せることもなく、ただ泰然とそこにいる。

ずっと続いてきたのだ。リセットされていない古都にある、リセットされることのない関係性。CCCNOのベースだった同級生は今も天理市の家具屋にいて、桜井市で遊んだ同級生が今も「Kore Kara」に集まってくる。

目的のために生まれた土地を離れてしまえば、そのための「始まり」があり、切り替わる生活があり、困難にぶつかった時の「辞める」が起こりうる。今のロストエイジにはそれがない。ただ、淡々と続いてきた。歴史や史跡をほとんどアピールしない古都で。やってきたことにそれなりの誇りはあるが、あえて大声で言う必要もないという態度で。

本人たちはあまり奈良らしさを理解していない。だが、『HARVEST』リリース時の岳久の発言が、奈良に根付いた豊かさを感じさせた。

「ライブで初めて会ってCD渡した人とか、興味持って店を訪ねてくれた人がいて、そこから関係性が始まりますよね。ちょっとずつでも。それって村人が増えていくようなことやと思うし、『村人になった人にはちゃんと毎日挨拶していくよ』みたいなことで。ただ『爆発的にその街を都市に変えたい』っていうのが目標ではないことも、この3年をかけて確認したんですね。もちろん拒絶はしないですよ、新しい人が入ってくることを」

入ってくる人々の中に、たまに「昔バンドやっていたんです」と伝えてくる者がある。そのたびに岳久は不思議に思う。音楽に続けるも辞めるもない。常にどこかから流れてくるもの。探せばいくらでも見つかるもの。自分たちが今休んでいるのは音楽だが、機嫌のいい子供から飛び出してくる鼻歌も音楽だ。無理してやる必要はないし、やりたくなったらまたやればいい。わざわざ「始める」「辞める」と区切る必要があるのだろうか。

音楽を販売することは岳久の仕事になったが、音楽そのものが仕事だとは今もまったく思わない。仕事はあくまでスロート・レコーズを回すことで、バンドは自分たちのやりたいことだ。客から金をいただく以上、対価は用意するし、強い責任もある。それでもロストエイジと仕事という単語は、3人の中で結びつくことがない。

独立以降、やりたいことしかやりたくないと思い、それだけに心を砕いてきた。自負があるとすればその部分だ。それで後輩から「生き方を学んだ」などと言われれば適当にかわす。誇示しないのが奈良スタイルだ。

始まりの土地、奈良にはわかりやすい区切りがない。風流な公家文化すら生まれる前の、剥き出しの人間の息吹。起こってきた数々のドラマを、何事もなかったように飲み込んでいく空の美しさ。音に滲む土地柄は確かにある。

2020年夏。自粛期間が明けた。3人の日常がまたゆっくりと回り出す。

岩城智和の一日は昼前から始まる。家で食事をし、ネバーランドでライブがあれば昼過ぎか夕方に現場に行き、その日のライブ準備とサポートをする。夜に始まるライブはだいたい0時くらいで完全撤収となり、出演者によっては付き合いで打ち上げに参加することも。深夜に帰宅し、ゲームをして、5時くらいに寝る。そしてまた昼頃起きる。

ライブが入っていない日はスタジオE♭を開け、こちらも昼や夕方から予約の客を待って対応する。17歳でバイトとして始めた仕事は、40代になった今もほぼ変わらない。暇がある時にドラムの練習ができる仕事、バンドのツアーで数日間離れることが許される職場を選んでいたら、ずっとこれだけを続けていた。たぶん今後もそうだろう。

五味拓人の毎日は朝8時頃から動き出す。子供たちと共に起床し、だらだらしたり、少し家事を手伝ったり。共働きの妻と子供が出かけていった後、のんびり食事をしてから店の買い出しに向かい、仕込みが始まる。夕方、スロート・レコーズから徒歩2分、椿井市場にある「Kore Kara」を開けて準備をし、午後6時から0時まで食事と酒を提供する。もっとも宴が盛り上がれば閉店の時間は守られないことも多い。片付けを終えれば深夜2時くらいになり、その後に帰宅して休む。土日は妻も店に出て手伝ってくれる。

もともと料理は好きだった。特にパスタが得意で、さらには赤提灯の居酒屋が大好きだった。洒落たイタリアンならともかく、居酒屋に行く感覚でパスタが食べられる店があればいいと思い立ち「Kore Kara」を作った。食品衛生講習や営業許可の取得、さらにはＤＩＹで作る内装の作業もあり、準備にはかなり時間がかかったが、２０１７年のオープン以来客は途切れることがない。岳久が帰りに一杯寄ろうとして、満員ゆえ遠慮することも多いほどに。
ロストエイジのファンもたまに来るが、音楽にまったく興味のない地元の客が多い。拓人は初めて世の中を知った。そんなに悪いものではないどころか、めいっぱい受け入れたくなる人ばかりだった。好きなものを提供して対価をもらい、より人が好きになっていくところはロストエイジも飲食業も同じ。この店を始めたことで、ようやく街の中に入っていけた感じがするのだった。

五味岳久の朝も同じく8時頃から始まる。子供と同じタイミングで目覚め、食べられる時は朝食を共にして、昼前に家を出る。スロート・レコーズの営業は12時から夜の9時まで。その間はバンド関係の仕事、今後のイベント企画を考えたりしながら店に立つ。レコードの検盤もするし、来てくれる客の相手もする。そして閉店後帰宅して夕飯を食べて寝る。その繰り返しだ。

店に立っているとなんとなくわかる。相手は何をこちらに求めていて、それに対して自分は何ができるのか。会話をすればより輪郭ははっきりする。

人との距離がバンドに還元される。自分が作ったものを必要としている人が何を考えているのか。それを突き詰めていけば、好きなバンドに憧れた気持ちを忘れない、という結論に至った。どういうバンドを格好いいと思ったのか。どういうアクションがあった時にこの人たちの音楽を聴いてみたいと思ったのか。売れる音楽の作り方はいまだにわからない。これを買いたいと思うリスナーの気持ちだけが今も残っている。自分はそれでいいのだと思う。

このような三者三様の暮らしになって、五味岳久の中で初めて消えていった感覚があるという。ここからは、生活も音楽も考え方も、ほとんどすべてを共有してきた五味拓人に証言してもらおう。

「今、精神的に健康やなと思いますよ。楽しくバンドやれてるし、聴くのも楽しめてる。いい音楽との距離感を作ってるなと思う。教えてもらったわけじゃないけど、音楽ってそういうもんでいいよねって気持ちになってるかな。何かと闘うためにじゃなくて、どんな音楽でも楽しむのが大前提みたいな。初めてそういう気持ちに戻れてる感じがしますね」

拓人は昔から気づいているのだった。兄が、何かと闘うため、もしくは何かから心を守るために音楽に取り憑かれてきたことを。

常に守ってくれたし、実際守られてきたと思う。そして過剰防衛のように何かに突っかかっていく兄を、いつも羨ましいような、少々鬱陶しいような気持ちで眺めていた。自分にはできないことだ。いつだって兄が先に口を出すから、拓人はどちらかといえば、その後気まずくなる空気を上手く緩和しにいってしまうところがある。

たとえばトイズファクトリー時代、手伝ってくれるスタッフ全員を猜疑心の塊のような目で見つめていたこと。それだけでなく、予算なんでこんなに使ってるんですか、変じゃないですかと、ギョッとするような話にまで踏み込んでいったこと。事務所が取ってきてくれたインタビューだからと自分を誤魔化さず、こんな話意味ないしナンセンスですよと取材中に言い出したこと。

「開き直ってるんですよね。自分が嫌われるから言うのやめとこって考えるくらいなら、言うこと全部言って嫌われたほうがマシやって。それって普通は怖いじゃないですか。できるだけ穏便に済ませたいし、余計なエネルギー使いたくない。それで抑え込めてしまうんですけど、あの人はあんまりそれができひん。言わな、ずっとモヤモヤしてる」

逆に言えば正直な人だと思う。拓人から見ればその時その時の感情がわかりやすく出ているし、理由なき悪意を感じたこともない。おかしいと思えばすぐ口にするだけ。毎回、兄貴やなぁ、らしいなぁと思ってきた。

納得できるまで詰める人だから、自主レーベルを始めると言い出した時も特に不安はなかった。むしろやりやすくなると期待した。事実、岳久のストレスがバンドの空気を左右することが長らく続いたから、スロート・レコーズが誕生してからロストエイジはずいぶん楽になった。岳久が誰かとぶつかることがなくなり、全員が安心して音楽に集中できるようになった。

闘う相手が変わったのだ。あとは音楽と闘うだけ。昨日の自分が作った音楽を、今日の自分たちでどうやって乗り越えていくか。そんなふうに変化していった。いわば、表現のための闘いである。

そう書けば美しいが、岳久の中に最後の闘いは残っていた。

レーベルを始めた自分はいい。スタジオで働く岩城のことも心配ない。ただ、拓人のバイトだけは辞めさせてやりたい。

2012年、『ECHOES』の頃だ。岳久の目標は、いよいよ拓人がバイトをせずに暮らしていくことのみに絞られていった。バンドとしての夢や将来像とは別に、弟の生活を最後になんとかしてやりたかった。

友達ならきっとそこまで思わない。しかし自分の影響でバンドを始めた拓人である。引き込んでしまった自責もあった。レーベルで自分が飯を食えるようになった今、拓人がいまだつまらなさそうにパチンコ屋で働いているのが耐えられない。こいつをギターだけ弾いていればいい状態にしたい。それが当時の岳久の、一番具体的な目標だった。毎日のように言った。

「お前これからどうすんねん？　ずっと今のバイトするわけじゃないやろ？」

拓人にとっては耳の痛い話だ。将来を考えていないわけじゃない。このままでいいとは思っていないし、年齢的に焦りもある。ただ、お前にだけは言われたくないという子供じみた気分も戻ってくるのだった。

拓人の記憶は一気に10歳まで遡る。中学に入った頃から、岳久はずいぶん変わったように見えた。受験勉強や進学を巡っても母親と衝突するようになり、何事も額面通りには受け取らなくなった。人から何を言われても突っぱねる。まず突っぱねてから考える。そんな気難しさや刺々しさを身にまとい、のめり込むようにロックを聴き始めた兄貴。

思春期だったかもしれない。しかし弟は、先に始まる兄のそれがどんなものなのか教えてもらえない。さらに拓人にとって面倒だったのは、本人が変わっただけでなく、自分のやることなすことにやたら介入されたことだ。

物心つく前からずっと金魚のフンとからかわれてきた。拓人にとって岳久は先導役で、ロールモデルで、知らない世界を教えてくれる憧れの人であった。バンドも結局そうだ。常に兄貴が前にいて、自分はそれに引っ張られ、兄貴の用意した舞台に一緒に交ぜてもらっている。わかってはいるが、小言があまりに多くなるといい加減腹も立つ。うんざりするくらい言われ続けた。お前大丈夫か？　それでほんまにいいんか？

余計なお世話だと返してはしょっちゅう喧嘩になった。「なんでお前にそこまで言われなあかんねん、俺のことやのに！」。拓人もだんだん反抗を覚える年齢になっていく。理由がわからなかったのだ、当時は。

「年取ってから母親から聞いた話ですけどね。父親いなくなったタイミングで兄貴が『自分が父親の代わりになる』って言ってくれたって。兄貴の中では、父親いてないぶん自分がこいつの面倒見たらないかん気持ちが強かったって。後から母親に聞いて初めて納得した。反抗して素直に受け取れんかったの、申し訳なかったなって」

『ECHOES』の頃に話を戻す。岳久としては、拓人のバイト生活が終わることが自分の最後の務めだった。プレッシャーをかけられる拓人にとっても、それは根強く残った屈託を払拭する最後のチャンスだった。

「結局、金魚のフンって言われてた時のままなんかな、っていうコンプレックスが自分の中にずっとあって。そのへんを自分で克服できたのが、お店持ってやり始めたタイミングですね。まだ4年も経ってない。バンドとかじゃない、人間としてやっと親離れ、兄離れできた。たぶん兄貴もそんな感じで思ってますよ。もう俺がそこまで心配してやらんでも大丈夫やって」

拓人が椿井市場に開いた店の名は「Kore Kara」。アルバム『ECHOES』のラストナンバー「これから」に由来する。

このアルバムに拓人はことさら強い思い入れがある。入籍と同時に妻の妊娠がわかり、初めて胎児のエコー写真を見せてもらったこと。また兄に初めての子供が生まれ、姪っ子の可愛さに自分もメロメロになったこと。新しい命への思いが名曲「NAGISA」に刻まれたこともあって、すべての幸せがリンクしていくような気分があった。店の名前は『ECHOES』の曲名から取る。それをまず先に決めていた。

なぜ「これから」だったのか、ずっと不思議に思っていた。ロストエイジの全曲の中でもかなり地味な部類に入る曲だし、収録曲の中で気の利いた店名になるものを選ぶなら「BROWN SUGAR」や「BLUE」でも良かったと思う。だが拓人の証言を聞き、改めて歌詞カードを手にして、ゆっくりと腑に落ちた。これは五味兄弟の歌だったのだ。

僕等ははなればなれ
色褪せた　少年達のブルース　泣かないでいいよ　そう、これからさ

2020年秋。ライブハウスはまだ静かだが、音楽はゆるやかに鳴り始めた。ロストエイジの長い歴史を知る人々は、それぞれの場所で生きている。

初期のロストエイジを知る心斎橋パンゲアの吉條壽記はこう語る。

「奈良は今エイジ・ファクトリーもいますけど、でも中心にはやっぱりロストエイジがいる印象ですね。あれだけ腹括って地元に根ざしてる人、なかなかパッと思いつかない。しかもバンドの活動自体も衰えてない。その状態でちゃんと地域で仕事して、まぁ格好良さしかないというか。僕が若くしてバンド始めて、そんな人が近くにいたら憧れるやろうなって思いますよ」

そのエイジ・ファクトリー、清水エイスケはといえば。

「めちゃめちゃ市場が傾いてる日本の音楽の中で、自分たちのローカルで、ヒップホップでもなく、ロックバンドとしてレップしながらやってる。最高ですよね。県外行って奈良といえば

ロストエイジって言われたら鬱陶しいけど、でもロストエイジの名前が出てこん相手は殺したくなります」

同じことを感じていたのはネバーランドで働く向井真吾だ。

「僕もバンドやってて、県外行くとどうしてもロストエイジの名前がついて回ってきて。時には鬱陶しい存在でしたね。『奈良から来たん？ じゃあロストエイジ？』とか言われて。『俺らが来とんねん！ 今ロストエイジの話をすな！』みたいな。若い時はよく思ってましたけど、言われ続けるんだからもう尊敬しかないですよ。今期待することって……解散しないでください、だけ」

元トイズファクトリーの町田雄平も今なお彼らのファンだ。

「根っこは何も変わらないですが、新しいことにもチャレンジしていく姿勢は素晴らしいですね。作品の届け方、レコーディングへのアプローチ、呟く言葉からも、たくさん刺激をもらってます。当時から最終的には自分たちでやってみたいと言っていたので、こうしてバンドが力強く続いていることが何より嬉しいです」

少し違う意見を投げるのはフレイク・レコーズの和田貴博である。

「今ね、ピリピリしてないから僕は物足りないです。メロウになってるんで。もっと尖る曲欲しいな。おっさんになったなお前ら、って思ってる」

２０２０年秋、ロストエイジは８ヶ月ぶりの県外ツアーを行った。

何もなかった日々、五味岳久がピザ窯以上にのめり込んだのはオーディオ機器であった。素人目には信じられない値段のスピーカーをネットオークションで見かけ、それでも岩谷啓士郎に聞けば「ものすごく安い」と教えられ、思わず落札した。普段スタジオでしか見かけないプロ仕様の音響設備。それをスロート・レコーズに組んでみた。レコードを聴く楽しさが爆発した。

プレスの終わった『HARVEST』のCDとレコードは10月４日から店頭販売を開始した。前日にネバーランドで行ったのは、アナログでのリスニング会とトークイベント、さらに実演ライブを盛り込んだ着席スタイルの鑑賞会だった。それをそのまま東京に持ち込んだ。楽しくはあったが、これはあくまでコロナ禍の特別公演だ。

バンド結成20周年となる２０２１年。ここから始めるのは本来予定していた全国47都道府県ツアーである。何年かかってもやっていく。一度は白紙になった計画だが、疫病ごときで諦めるつもりはない。

行ったことのない県がかなりある。ぜひ来てくれとよく声が届く。四国や沖縄、北海道は網走からの声があり、通販のオーダーがなければ存在さえ知らなかった小さな島もある。そういう場所に名前のある誰かがいて、ロストエイジの音楽が聴かれている。得られた実感は礼として返したかった。その人の住む街に行き、拠点となるライブハウスで直接顔を確かめ合う。地味な作業だし時間はかかる。場所によっては赤字になるかもしれないが、やりがいのある仕事に見える。今からサブスクリプション・サービスを始めるよりもよっぽど。

『HARVEST』。収穫したものを抱えてその街に向かい、あなたは誰なのかを確認しながら、それぞれの街で売る。種を蒔きに行くイメージだ。ロストエイジの思想を、生き方を、それぞれのローカルに植えていく。五味岳久はそこから出てくる芽を楽しみにしている。そのツアーから見えてくる次のロストエイジに期待している。少年のような心で、今も夢を見続ける。

Kore Kara

LOSTAGE年表

Chapter 1

１９７９年　11月7日　奈良県桜井市にて五味岳久、誕生
　　　　　10月30日　大阪府八尾市にて岩城智和、誕生
１９８２年　8月27日　奈良県桜井市にて五味拓人、誕生
１９９５年　4月　岳久、高校入学。エレキギターを手にする
１９９６年　1月　岳久、グリーン・デイ初来日公演をきっかけにハイ・スタンダードを知り、衝撃を受ける
　　　　　奈良ネバーランド誕生
１９９７年　秋　岳久、高校の文化祭でバンドを組み、初めて人前で演奏
１９９８年　春　岳久、当時組んでいたバンド＝CCCNOとして奈良ネバーランドに出演。初めて岳久と拓人が同じバンドのメンバーとしてステージに立つ
　　　　　8月　岳久、東京で『AIR JAM '98』観覧
２０００年　7月『FUJI ROCK FESTIVAL 2000』にて初めて日本人アーティスト（ブランキー・ジェット・シティ、ミッシェル・ガン・エレファント）がヘッドライナーを務める
２００１年　夏　清水雅也加入。4人編成でロストエイジ結成

2002年
春　自主制作でCD-Rをライブ会場のみで販売
7月　VANAI RECORDSより500本限定の1stデモテープを発売。同時期にドラム担当メンバーが脱退し、岩城智和が加入
12月　東京での初ライブとなる『SET YOU FREE』出演

2003年
6月　滋賀での『SET YOU FREE』に出演し、銀杏BOYZと初共演
7月　VANAI RECORDSより『DEMO CD』発売

2004年
7月　UK.PROJECT内にレーベル・qoop musicを立ち上げ、ミニアルバム『P.S. I miss you』発売
11月　下北沢SHELTERにて初のワンマンライブを行う

Chapter 2

2005年
9月　初のフルアルバムに向けたレコーディングを開始

2006年
1月　1stフルアルバム『PLAY WITH ISOLATION』をUK.PROJECTよりリリース
8月　『ROCK IN JAPAN FESTIVAL』初出演
12月　下北沢SHELTERにて二度目のワンマンライブを行う。同時期、トイズファクトリーとの契約を決断

2007年
7月　2ndフルアルバム『DRAMA』をトイズファクトリーよりリリースしメジャーデビュー
9月　『DRAMATIC TOUR 2007』にて、大阪・十三FANDANGOと東京・代官山UNITにてワンマンライブを行う
12月　ASIAN KUNG-FU GENERATION『Tour 酔杯 2007』Zepp Fukuoka、広島CLUB QUATTRO、Zepp Tokyo公演に出演

2008年

1月　自主企画ライブ『SHOWNEN』を東名阪クアトロにて開催。この渋谷公演を最後に清水雅也が脱退。新メンバーとして中野博教が加入する

9月　2ndミニアルバム『脳にはビート 眠りには愛を』をトイズファクトリーよりリリース

2009年

3月　3rdフルアルバム『GO』をトイズファクトリーよりリリース

7月　自主企画ライブ『SHOWNEN』を奈良ネバーランドにて開催

10月　ASPARAGUS主催『BKTS TOUR '09』にてthe band apart、COMEBACK MY DAUGHTERSらと7カ所を帯同。福岡公演のアフターパーティでは岳久、拓人で初のアコースティック編成のライブを行う

11月　中野博教の脱退を発表

12月　奈良ネバーランドでのライブをもって中野博教が脱退

2010年

1月　表記を「lostage」から「LOSTAGE」に変更し、3人編成となる

2月　奈良ネバーランドにて3人編成で初ライブ開催

3月　新代田FEVERにて無料招待ライブ開催

5月　ART-SCHOOLとのスプリットツアー『BRAIN DEAD 2010 TOUR』開催

Chapter 3

2010年

6月　4thフルアルバム『LOSTAGE』をAVOCADO Recordsよりリリース

8月　岳久による初のイラスト展『#oshare in TOKYO』開催

10月　大阪・名村造船所跡地にて自主企画イベント『生活』を開催

12月　8ottoとのスプリットシングル『GENERATION888 / UFO』をFLAKE RECORDSよりリリース（7インチアナログ作品）

2011年

1月 渋谷パルコで『五味アイコン似顔絵展』開催

3月 奈良ネバーランドにて『東北地方太平洋沖地震チャリティーイベント』開催

4月 吉村秀樹（bloodthirsty butchers）の弾き語りツアー『only the lonely kemonomichi』に岳久が帯同

5月 自身のレーベル・THROAT RECORDSを立ち上げ、YouTubeチャンネルも開設

7月 奈良ネバーランドにて自主レーベル設立記念ライブ『THROAT RECORDS presents SHOWNEN』開催

7月 『ASIAN KUNG-FU GENERATION presents NANO-MUGEN CIRCUIT 2011』Zepp NAGOYA出演

8月 3rdミニアルバム『CONTEXT』をTHROAT RECORDSよりリリース

9月 岳久、イラスト本『#oshare in DICTIONARY』発売

2012年

3月 CRYPT CITYとのスプリットシングル『CRYPT CITY & LOSTAGE split 7inch』をライブ会場限定発売（7インチアナログ作品）

6月 ASPARAGUS主催『BKTS TOUR 2012』にthe band apart、COMEBACK MY DAUGHTERSらと帯同

7月 5thアルバム『ECHOES』をTHROAT RECORDSよりリリース。『FUJI ROCK FESTIVAL』に初出演

11月 THROAT RECORDS実店舗が奈良市小川町にオープン

12月 渋谷クラブクアトロにて『LOSTAGE ECHOES TOUR』ファイナル公演となるワンマンライブを開催

2013年

1月　脱退した清水雅也と中野博教によるバンド・CARDと共演

4月　初のライブアルバム『LOSTAGE AT SHIBUYA CLUB QUATTRO』をTHROAT RECORDSよりリリース。『ARABAKI ROCK FEST』に初出演

5月　ライブアルバム『LOSTAGE AT SHIBUYA CLUB QUATTRO』をアナログ4枚組BOXセットでリリース

6月　『REDSNEAKERS【SWIMMING】～7inchリリースパーティー～fromTHROAT RECORDS』下北沢SHELTERにて「Good Luck」初披露

6月　札幌で行われた吉村秀樹の追悼ライブにて、岳久が弾き語りで出演

2014年

1月　『Yes, We Love butchers ～Tribute to bloodthirsty butchers～』に参加

4月　LOSTAGE五味兄弟とRopesのスプリット7インチアナログ作品をFLAKE RECORDSからリリース

5月　uri gagarnとのスプリットシングル『LOSTAGE x uri gagarn』をTHROAT RECORDSよりリリース（7インチアナログ作品）。イベント『Yes, We Love butchers』に出演

7月　『ASIAN KUNG-FU GENERATION presents NANO-MUGEN FES.2014』に出演

8月　6thアルバム『GUITAR』をTHROAT RECORDSよりリリース

2015年

4月　LOSTAGEと長谷川健一のスプリット7インチ作品をTHROAT RECORDS/bud musicで共同リリース

10月　自主企画イベント『生活』が初の関東進出し、茨城県のスペースU古河にて開催

11月　初の海外公演、台湾高雄WAREHOUSEにて（共演 the band apart）

2016年

8月　GEZANとのスプリットシングル『blue hour／My Favorite Blue』が十三月の甲虫とTHROAT RECORDSのダブルネームによるリリース（7インチアナログ作品）

2017年
10月　Age Factoryの1stアルバム『LOVE』を岳久がプロデュース
2月　LOSTAGEタイツアー、現地の大型フェス『CAT EXPO』に出演
6月　7thフルアルバム『In Dreams』をTHROAT RECORDSよりリリース
8月　『In Dreams』リリースツアーにてAge Factoryと共演
9月　拓人、奈良市椿井町内に居酒屋Kore Karaをオープン
3月　二度目のタイツアー『FEVER TOURS IN THAILAND 2018』（共演 the band apart）
5月　バンド史上最大キャパとなる渋谷O-EASTにてワンマンライブ開催

Chapter 5

2019年
2月　bachoとのスプリットEP『HOMETOWN E.P.』をcosmic noteよりリリース（CDと12インチアナログ作品の同時リリース）
3月　7日間連続企画『LOSTAGE × 十三ファンダンゴ Presents "7"』開催（ASPARAGUS、the band apart、COMEBACK MY DAUGHTERS、toe、少年ナイフ、MASS OF THE FERMENTING DREGS、おとぎ話、KING BROTHERSと共演）

2020年
4月　8thフルアルバム『HARVEST』をBandcampにてリリース
10月　『THROAT RECORDS presents〝TESTPRESS TOUR〟』開催

2021年
2月　新木場STUDIO COASTにてワンマンライブ『種蒔く人々』開催予定

参考文献：http://lostage-routine.jpn.org/index.html

石井恵梨子（いしい・えりこ）

1977年石川県金沢市生まれ。高校卒業後上京し、1997年から『CROSSBEAT』誌への投稿をきっかけにライターとして活動をスタート。洋楽・邦楽問わず、パンク、ロックなど、ラウドでエッジのあるものをメインに執筆。現在は『音楽と人』『週刊SPA!』『ヘドバン』『Real Sound』などに寄稿。主な著書は怒髪天・増子直純自伝本『歩きつづけるかぎり』（音楽と人）、『東北ライブハウス大作戦～繋ぐ～』（A-Works）など。

僕等はまだ美しい夢を見てる

ロストエイジ20年史

2021年3月1日　初版第一版発行

著者　石井恵梨子

発行者　神谷弘一

発行・発売　株式会社blueprint
〒150-0043
東京都渋谷区道玄坂 1-22-7 6F
Tel: 03-6452-5160　Fax: 03-6452-5162

装丁　川名潤

企画　神谷弘一（株式会社blueprint）

編集　松田広宣（株式会社blueprint）
高木智史（株式会社blueprint）
信太卓実（株式会社blueprint）

編集協力　株式会社聚珍社

デザイン協力　勝浦悠介

印刷・製本　株式会社シナノパブリッシングプレス